JN328434

満鉄が生んだ日本型経済システム

小林英夫
Hideo Kobayashi

教育評論社

はじめに

国策が迷走する現在の日本の姿を見ると、改めて的確な国策を定める機構の確立が望まれる昨今である。今こそ、総合的な情報機構の確立とそれを的確に処理して政策に寄与するシンクタンクの拡充と機能の充実や統合が必要となっているが、日本の現実は必ずしもそうはなっていない。アメリカのブルッキングス研究所を待つまでもなく、先進各国には、充実した情報処理能力と政策立案への寄与能力を持つ総合研究所があるが、残念ながら日本には、それに類似した研究所はその数が少ないし、規模は小さい。

ではこれまで大規模な国家プロジェクトに応えるシンクタンクがなかったのかといえば、現状は、たしかにその通りだが、戦前にはそうした研究所を擁した会社が存在し、活動し、日本の国策に重要な役割と影響を与えていた。その名は、満鉄調査部。正式には南満洲鉄道株式会社調査部。では、かかる会社がいかなる経緯で誕生し、どんな経緯で研究機関を有し、どんな活動を展開したのか。そしてこの機関はいかなる成果を日本にもたらしたのか。本書の課題は、この満鉄とその調査部に焦点をあててその活動の全生涯と戦後の日本に残した成果に迫ることとしたい。

話を始めるにあたって、まず、この満鉄の調査部がどんな成果をもたらしたのかに関して、あらかじめ予告しておこう。今日、グローバル下で毀誉褒貶、その評価が分かれるところだが、一九五五年から一九九〇年初頭まで、多くの問題点を内包しつつも日本経済を世界トップの座に押し上げた日本型経済システムは、実は、これから論ずる満鉄の調査部が案出し、実施まで持っていったというのである。一般的には、高度成長は、大蔵官僚だった下村治の発案だと称され、通産省が推進母体だったといわれる。また野口悠紀雄『一九四〇年体制』(東洋経済新報社、一九九五年)は、一九四〇年代に日本で形成された総力戦体制が、その後の日本の高度成長を推進した日本経済システムの源流だったと述べている。そこには、本書で述べる満鉄や満鉄調査部の文字は出てこない。たしかに満鉄の活動舞台が満洲、現在の中国東北で、しかも満鉄なる会社は本社を大連に持って戦前活動した会社であったことを考えると、その会社が日本の戦後の経済成長に深くかかわったと想定することは、なかなか難しい。そして、その会社が敗戦と前後して消滅したことを合わせ考えるならば、ますますもって、戦後の高度成長とつなげることは難しいということになろう。

しかし、「事実は小説より奇なり」とはよくいったもので、満鉄と戦後の通産省、中国東北と日本は、密接に結びついているのである。ではそれがどんな結びつきだったのか、以下でその関連をたどっていくこととしよう。その際、会社の変遷を縦糸に、人物と人物の繋がりを横糸にその織りなす彩の文様で語ることとしよう。繰り返しになるが、満鉄という会社は現存しない。敗戦を前後して閉鎖されたからだ。したがって、比較的なじみが薄いこの会社を理解してもらうためにも、この会社の歴史から解き明かしていかなければならない。

【凡例】

・満洲、満洲国にはカッコをつけず当時の呼称とする。
・満鉄調査部の名称は、時期により調査部、調査課など変わるが部で統一した。
・満鉄総裁も時期により理事長、社長の呼称が用いられたが総裁で統一した。
・年号の表記は西暦を原則とし適宜和暦で補った。
・資料の引用については原則として現代仮名遣いとし、片仮名は平仮名にして常用漢字は新字体とした。
・必要に応じ振り仮名を付した。

満鉄が生んだ日本型経済システム◉目次

第二章　満鉄が生んだ日本型経済システム

第三章　日本型経済システムとはなにか

第四章　日本経済の今後

装幀　花村　広

第一章　満鉄とはなにか

一　満鉄と満鉄調査部

満鉄の誕生と児玉源太郎

第一章では満鉄とはなにかを語る。満鉄の誕生は一九〇六(明治三九)年一一月。そして終焉は一九四五(昭和二〇)年八月。この間三九年間にわたって存続した満鉄とは何であり、どんな人物がかかわったのか。この間大きく四つの時期に分けながらその足跡と人物をたどることとしよう。

話は今から約一世紀前にさかのぼる。日露戦争直後のことである。この戦争に勝利した日本は、ポーツマス条約の結果、日清戦争でロシアに譲り渡した遼東半島の領有権を取り戻し、合わせてロシアが所有していた旅順《りょじゅん》から長春《ちょうしゅん》近郊の寛城子《かんじょうし》までの鉄道とその沿線地域、さらには中国東北最大の炭鉱である撫順《ぶじゅん》炭鉱を手に入れた。これに樺太の南半分を領有した日本は、日清戦争期の新領土の台湾を合わせて東アジアの新興帝国となった。さらに、一九一〇(明治四三)年には、朝鮮をも併合して、ここを実質的には植民地化した。

この中国東北の新領土を統治するために設立された会社が、一九〇六(明治三九)年一一月に誕生した南満洲鉄道株式会社、満鉄だった。この一一月の設立を仕切ったのが南満洲鉄道設立委員長の児玉源太郎だった。児玉は長州の産、日本陸軍切っての名将と称され、維新の戦乱をくぐり抜けるなかで頭角を現し、日露戦争時には満洲軍総参謀長として日本の国力の数倍もあるロシアを相手にこの戦争を戦い、勝利に導いた人物としてその名を知られている(司馬遼太郎『坂の上の雲』)。彼は戦に長けていただけでなく、日清戦後には台湾総督として活躍し、初代樺山資紀、次代桂太郎、三代乃木希典の三期総督が成し遂げられなかった領台後の台湾島民の抗日運動を収めて政治的安定に成功し、民政長官に後藤新平を抜擢して、統治機構の基盤整備、産業振興を上手にやって、短期間にこの島を「儲かる島」に変えている。日露戦争中は満洲軍総参謀長として軍の中枢にあって作戦を指揮し戦争の勝利に貢献、戦後は、南満洲鉄道設立委員長として、満鉄誕生の基礎も築いている。その意味では、児玉は満鉄誕生の最大の功労者だったといっても過言ではなかった。

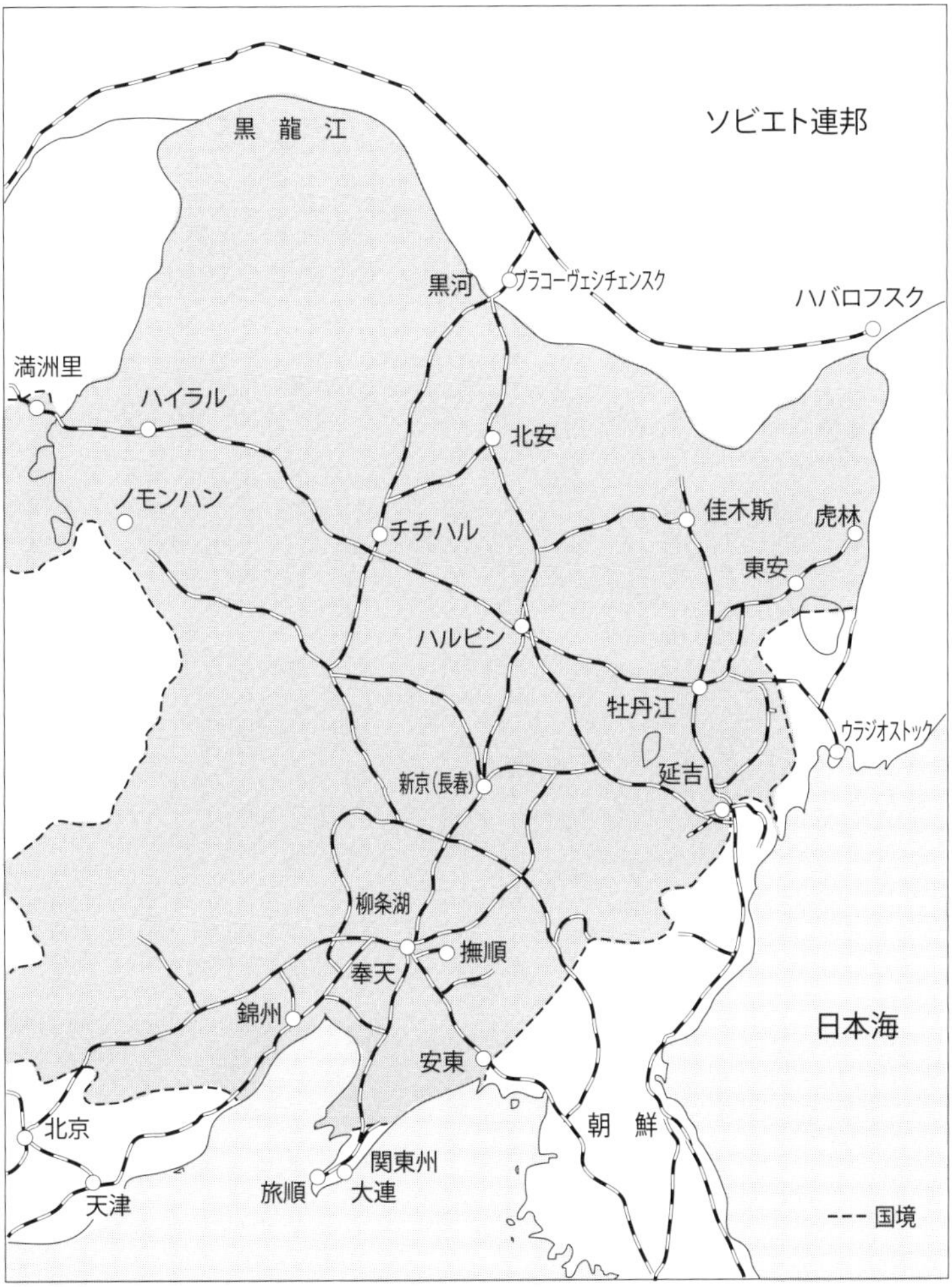

満洲国地図
小林英夫・岡崎哲二・米倉誠一郎・NHK 取材班『日本株式会社の昭和史』(創元社)、財団法人満鉄会編『満鉄四十年史』(吉川弘文館)など参照

総裁後藤新平と中村是公

この会社の初代総裁に就任したのが後藤新平だった。後藤は、岩手県水沢の生まれで、幕末の蘭学者高野長英をその血筋に持つ医学者だったが、児玉源太郎に見出されて、彼が台湾総督のとき台湾の民生局長（民政長官）に就任、次いで児玉の強い推薦もあって満鉄総裁の任を引き受けた。後藤は、恩を受けた児玉に乞われて未練を残しつつも台湾民政長官の職を辞して満鉄総裁の任に就いたといわれる。

その児玉と後藤が掲げた満洲統治の理念は「文装的武備」だった。「文装的武備」とは、後藤の講演での表現を借りれば、「文事的施設を以て他の侵略に備え、一旦緩急あれば、武断的行動を助くるの便を併せて講じ置く事」だという。つまりは、植民地支配は単に武力に頼るだけでなく、教育、衛生、学術といった広い意味での「文事的施設」を駆使する必要があり、植民地の人々の間に日本に対する畏敬の念が生ずれば、いざという場合に他国からの侵略を防ぐことが出来る、というのである。そしてこの「文事的施設」のポイントをなすのが科学的調査であった。後藤のこの発想は、巨視的に見れば満鉄の調査活動重視の伝統としてその後にいたるまで影響を与えることになる。

後藤の指揮下で出発した満鉄は、満洲統治の要の企業として、鉄道業務と鉄道沿線の付属地統治、そして撫順炭鉱の経営にあたった。この後藤の右腕となって活躍した人物が中村是公《よしこと》であった。安芸（広島）生まれだが、長州（山口県）の中村家に養子に行って姓も柴野から中村に変わっている。一高から東京帝大を経て台湾総督府では後藤の下で、台湾統治の基礎をなす土地調査事業を現場で指揮し、後藤が台湾を留守にするときは長官代理を務めるなど後藤の信頼は厚かった。後藤が台湾民政長官の職を離れ満鉄総裁に就任すると、中村もまた同道し満鉄の創立に参加、後藤が一年余りで満鉄総裁を辞して鉄道大臣に就任すると、後藤を継いで満鉄総裁に就任、満鉄の複線工事を実施、撫順炭鉱の合理化を成し遂げて同社を儲かる会社へと変身させている。ところで、この中村の一高時代の親友に文豪夏目漱石がいた。二人はともに一高時代に落第を経験した仲だった〈もっとも漱石は健康上の理由だが、是公は遊びすぎのためだという〉（青柳達雄『満鉄総裁中村是公と漱石』）。その漱石は、是公が総裁時代に満洲に呼ばれて「満韓ところどころ」を新聞に連載している。

初代満鉄総裁　後藤新平（時事通信社）

「南満鉄道会社って一体何をするんだいと

真面目に聞いたら、満鉄の総裁も少し呆れた顔をして、御前も余つ程馬鹿だなあと云った。是公から馬鹿と云われたって怖くも何ともないから黙っていた」。こんな出だしで始まる漱石の「満韓ところどころ」は、一九〇九（明治四二）年九月から一〇月までの満韓旅行記で、一〇月から一二月まで新聞に連載された。胃カタルに悩まされての旅行だったが、漱石は満洲では大連を振り出しに旅順、奉天、撫順等を回って満鉄施設を視察、紹介している。大連では「あれは何だいと車の上で（是公に）聞くと、あれは電気公園と云って、内地にも無いものだ。電気仕掛けで色々な娯楽を遣って、大連の人を保養させる為に、会社で拵《こしら》えてるんだと云う説明である」とか、撫順を訪問した折は「貯水池の土手へ上がると、市街が一目に見える。まだ完全には出来上がって居ないけれども、悉く煉瓦作りである上に、スチュヂオにでも載りそうな建築ばかりなので、全く日本人の経営したものとは思われない。しかも其洒落た家の殆んど一軒毎に趣を異にして、十軒十色とも云うべき風に変化しているには驚いた。其の中には教会がある、劇場がある、病院がある、学校がある、坑員の邸宅は無論あったが、いづれも東京の山の手へでも持ってきて眺めたいもの許りであった」といった具体である（『漱石全集』岩波書店）。

中村は、漱石を上手に使って、新生まもない満鉄の宣伝を行ったといえる。

知恵袋の岡松参太郎と調査部

満鉄の設立と調査部の設置に大きく寄与した満鉄の知恵袋は京都帝国大学法科大学教授で後藤の強い推薦で満鉄理事となった岡松参太郎である。後藤は、帝国大学教授でありながら満鉄理事を兼任することはまかりならんという文部省の意向をはねのけて三顧の礼で岡松を満鉄理事に招聘している。一九〇七（明治四〇）年七月だから満鉄調査部が設立された直後のことだ。後藤の期待通り、岡松は初期満鉄の骨格を法的に固める上で決定的役割を演じただけでなく、調査部作りでもアイデアを提供し、後藤の活動を陰で支えた。

一つは一九〇七年三月に書かれた「南満洲鉄道株式会社ノ性格」という論文である。満鉄設立にあたって、満鉄を単なる会社とするか、それとも特殊な役割を帯びた会社とするかで、関係者の意見が分かれていたのだが、岡松は、ツィンメルマン（Zimmermann）の著作を基礎に株式会社ではあるが、政府による権限付与と干渉を伴う政府機関であると規定していた。この考え方が、設立時の勅令に反映され、その後の満鉄の性格を決定していった。しかし岡松の「南満洲鉄道株式会社ノ性格」執筆と理事就任には時間差があり、前者の方が後者より四カ月早いことになる。つまり彼は理事就任前に満鉄の事業に深く関与していたことがわかる。このほか軽便鉄道だった奉天・安東間の安奉線の通常軌道への修正にも岡松が大いに働いた。国際的に清国の了解を取る必要があるなど、厄介な国際法上の処理は必要だったが、岡松が後藤と連携をとりつつ問題なく処理をしたことが、彼の残した書簡からうかがい知ることができる。

満鉄調査部の構想を後藤に伝えたのも岡松である。後藤は一九〇八（明治四一）年一一月に「大企業ニ於ケル経済調査部」なる文書を出して調査部設立の必要性を述べているが、実質的な執筆者は岡松であることから判断すると後藤の背後で調査部設立のアイデアを提供していたのは岡松だと考えられる（浅古弘『岡松参太郎の学問と政策提言に関する研究』）。

こうして一九〇七（明治四〇）年四月に満鉄調査部が誕生した。満鉄本体の誕生に遅れること半年後の事だった。しかし調査部の歴史をひも解けば、調査部第一号は一八九八（明治三一）年の三井物産監査方である。ちなみに満鉄調査部開設以降で見ると一九二一（大正一〇）年には大阪野村銀行が調査部を、翌二二（大正一一）年には三菱合資が資料科を立ち上げている。さらに一九三二（昭和七）年には三菱経済研究所がスタートしている。確かに調査部第一号の栄誉は三井物産に譲るが、それに続くものとして、満鉄は老舗調査部としての名をほしいままにしたのである。

満鉄は創立当初は総務、運輸、鉱業、地方の五部構成となっており、調査部は、総務部などと並ぶ最重要部局の一つとしてスタートした。このように調査部が重視されたのは、岡松のアイデアではあるが、後藤のなかに、激動する国際情勢下で異民族統治を実施する際に必要不可欠なものが調査活動だという認識があり、「文装的武備」の具体化の一環だという認識があっ

大連市の南満洲鉄道会社（1937 年撮影、毎日新聞社）

たからに相違ない。激しく移り行く国際情勢のなかで己の選挙区にしか興味がなく、国際情勢にまったく疎く権力闘争だけに興味を持つ不勉強な今の日本の政治家とは好対照である。

創立当初の調査部は、経済調査、旧慣調査、ロシア調査の三班に分かれ、それ以外に監査班と統計班があった。スタッフは全員で一〇〇人前後で、内訳は経済、旧慣、ロシア班合わせて一五から一六人、監査班は一〇人前後、残りは統計班といった陣容だった。この陣容から判断できるように、出発当初の調査部は、統計関係の整備が主たる業務だったといえよう。また、調査部と関連して中央試験所、地質調査所が、東京支社内に東亜経済調査局、満洲及朝鮮歴史地理調査部が設立された。

設立時の満鉄に集まった多彩な人材

後藤新平、中村是公、岡松参太郎を筆頭に満鉄と満鉄調査部そしてその関連機関には多彩な人材が結集した。組織の長が優れていると優秀な部下が集まるのは、昔も今も変わりはない。初期調査部を担った旧慣調査の責任者の宮内季子は京都帝国大学卒、台湾でも旧慣調査に従事し、京都帝国大学教授岡松参太郎の姪の山田叶と結婚している。経済班の森茂は、東京専門学校（現早稲田大学）英語政治科を卒業、東亜同文書院で教壇に立ち、一九〇八（明治四一）年から満鉄調査部に移っている（『早稲田大学校友会名簿』）。初期の東亜経済調査局で活躍したのがドイツのダンチヒ工科大学教授だったチースである。彼は、カード式資料整理法を調査局に導入したことでその名が知られているが、「巴里『クレディ・リヲ子ー』銀行ノ経済調査」というタイトルの報告書を残している。満鉄は、日本の東洋史研究に対しても資金援助を行い、満洲及朝鮮歴史地理調査部で東京帝国大学文科大学教授白鳥庫吉《くらきち》を始め松井等、稲葉岩吉、箭《や》内亙《わたり》、池内宏、津田左右吉などそうそうたる人材を育てている。ちなみに、後に日独伊三国同盟締結に活躍した白鳥敏夫は、彼の甥にあたる。満鉄の豊富な資金をバックに白鳥はソウルへ行った際、統監府が図書館を作る予定で集めさせ、中途で計画が変わったために古書店の倉庫いっぱいに詰まっていた朝鮮史の貴重本を一冊七〇銭平均で倉庫ごと買い取るといった荒技をやってのけている（「白鳥博士と滝川博士との公談筆記」『後藤新平文書』）。後に松井は國學院大学教授、稲葉は朝鮮総督府朝鮮史編纂主任、箭内、池内はともに東京帝国大学教授、津田は早稲田大学教授のポストを得てアカデミズムで活躍した。その津田だが、彼は、西村眞次、會津八一とともに早稲田史学を支えた功労者だが、『神代史の新しい研究』に始まる一連の研究が皇室を冒涜したと攻撃され、一九四〇（昭和一五）年に学園を追われることとなる。

人材の多彩さはこれにとどまらない。満鉄総裁だった後藤は、元来が医学畑の出身であり、その線での人脈が強い。北里柴三郎はドイツ留学以来の親友であった。この線で、中央試験所長に「薬学会の明星」（佐藤正典『一科学者の回想』）と別称された慶松勝左衛門と「化学界の最長老」（同前）といわれた高山甚太郎が招聘されている。こうして満鉄は、一級品を集めてスタートを切る。

長州閥と政党閥の闘争

こうして出発した調査部も、日露戦後の時代の経過のなかで、中国東北地域が次第に落ち着きを取り戻すと、その存在価値は薄れていく。しかも一九一〇年代に入り日本国内の政治勢力が明治維新を成し遂げた長州閥から政友・反政友の政党閥に代わり始めると、その影響が満鉄にも現れる。初代の後藤も二代目の中村も広い意味では長州閥のバックアップを受けていたわけだから、政党派閥の台頭は、当然満鉄の経営にも影響を与えざるを得ない。中村は、後ろ盾を失って半ば引きずりおろされる形で総裁を辞任し、その後に総裁となった政友会系で鉄道院副総裁から満鉄総裁に就任した野村龍太郎は、副総裁の伊藤大八と組んで先代の理事合議制を廃して部局制にしたり、これまでの調査部優先の方針を転換して、調査部を課に格下げして満洲及朝鮮歴史地理調査部も廃止するなど合理化を推進し始めた。調査部などといった不採算部門は切り捨てるという話で、なかでももっとも学問的色彩が濃厚な、換言すれば、不採算部門筆頭の満洲及朝鮮歴史地理調査部は廃止に追い込まれたのである。こうした一連の改革に猛反対をしたのが、後藤、中村子飼いの理事だった犬塚信太郎で、激しい抗争の末、野村、伊藤、犬塚三者はけんか両成敗で満鉄を辞任する。その後総裁に就任したのが第四代目の中村雄次郎そして第五代目の国沢新兵衛である。中村雄次郎は軍人で、八幡製鉄所の長官などを歴任した砲兵関係の「鉄」の専門家だし、国沢新兵衛は技術系で中村是公総裁のときの副総裁で、中村是公とともに辞任している人物で、野村の後で総裁となった中村雄次郎の下でも副総裁を務めた。なお、中村雄次郎の三女は、日露戦争の英雄で満鉄の生みの親でもあった児玉源太郎の息子と結婚しているし、曾孫の久美子は、橋本龍太郎元総理夫人である。話を戻せば、原敬は政権をとると国沢新兵衛に代わって再び野村を満鉄総裁に起用した。野村は二度目の起用で、今度は政友会の中西清一を副総裁に擁しての満鉄首脳部入りだった。二度目は満鉄職員の反撃を受けて政友会の森恪《かく》が所有する炭鉱を破格の高値で買収し選挙資金を捻出させたと暴露されて辞任している。満鉄社員と政友会系トップの激しい攻防が繰り返されたのである。

菊池寛『満鉄外史』と英雄伝説の創造

菊池寛が『満鉄外史』を上梓したのは一九四一（昭和一六）年のことである。満洲新聞社で連載していたものを一冊の書物に纏めたのだが、扱った時期は、日露戦争から満洲事変までの約三〇年間である。菊池は、満鉄にとっては縁もゆかりもない門外漢だと称しながら文献と「老満鉄マン」の談話を基に纏め上げたと序に記している。また「満鉄人の感情史・心理史」として満鉄の歴史を描きたかったとも記している。彼は、その多くの頁を草創期の満鉄人の苦労にスペースを割いている。とりわけ満鉄草創期の勇士たちが、いかに政友会の満鉄干渉に勇敢にたたかったかをこと細かく記述している。野村龍太郎・伊藤大八コンビと中村是公、犬塚信太郎の抗争や野村・中西と満鉄社員の抗争劇がそれである。一九一三（大正二）年一二月「ときの政友会内閣総理大臣原敬は毒刃を抜き放って、一代の硬骨漢中村是公の頸を切り落としてしまった」。対する伊藤大八は「政党全盛期の偉大なる俗才、策士と自他ともに許している人物なのだ。――あああの大八がついに来るか――全満洲の表情は、毒汁を服まされるかたちだ」「野村龍太郎総裁、伊藤大八副総裁―さきにこのコンビで、満鉄を食物にしようとした原敬の野望は、満鉄魂の激発に会ってもろくも敗退、僅か半歳にして中村雄次郎総裁に後を譲ったわけだったが、大正八年(一九一九年)の春、原内閣は再び野村をロボット社長とし、今度は中西を副社長とした陣容で、満鉄に毒牙を向けてきた」。しかし、その彼らも満鉄人の勇敢な闘争の前に、不当に高い価格で満鉄が搭連炭鉱を買収、浮いた金を政友会に寄付したいわゆる「満鉄事件」が暴露され、「満鉄魂の正義は報いられ」「少なくともそれまで政党と政党人の金櫃のように思われていた満鉄だったが、その満鉄で、めったに悪いことは出来ないぞという、この上もない実物教訓を、政党人に与え」たのである。ごく簡単に菊池の記述を紹介したが、政党政治家が満鉄に入り込みそれを食い物にしようとしたが、草創期の老満鉄マンの奮戦で阻止できたという筋書きである。一九四一(昭和一六)年といえば、対米戦争前夜の軍部独裁全盛時代で政党政治否定の雰囲気が蔓延していた時期である。菊池は、その雰囲気に乗って満鉄草創期の反政党人「英雄伝説」を書き上げたかったのかもしれない。こうした雰囲気のなかで、菊池らの手で、後藤新平を筆頭とする英雄伝説が固定化して行くのである。

二　ロシア革命後の満鉄と調査部

ロシア革命と満鉄理事の川上俊彦

一九一七（大正六）年に起きたロシア革命は満鉄に大きな衝撃を与えた。国境を隔てていたとはいえ、満洲と陸続きのロシアで革命が起き、世界初の社会主義国家が誕生したからである。その影響がどう表れるか予測が不能だっただけでなく、誕生した社会主義国家がいかなるものかの見当がつかなかったからである。「過激派の暴動」発生という報告を受けたときの外務大臣本野一郎は、ペトログラードの駐露大使内田康哉に具体的な情報収集を指令すると同時に一九一七年六月に満鉄理事の川上俊彦をロシアに派遣しその実情調査を命じたのである。満鉄総裁が国沢新兵衛のときである。川上は同年一一月一五日に本野外相に「露国視察報告書」を提出した。この報告書のなかで、川上は、ロシア革命にいたる歴史や労働者や兵士によるボルシェヴィキの活動にふれ、「速やかに戦争を停止せんことを企図し将来政治上及び経済上の危機に乗じて政権を掌握し以て彼ら最後の目的たる社会主義革命を遂行することは蓋し自然の勢い」(『日本外交文書』大正六年第一冊)だという見通しを述べていた。つまり、川上はこの革命が、ロシア民衆の意向を代弁し、その強い支持の下で私有財産制を否定する社会主義革命へと突き進むものだと予測したのである。この川上の「報告書」は、首相の寺内、本野、原敬はもとよりこの時期日本の外交政策決定に大きな役割を演じていた臨時外交調査会のメンバーにも伝えられた。こうして、シベリア干渉戦争に積極的だった川上の意見は、日本の外交政策に大きな影響を与えていくこととなる。

満鉄内部での政党色の拡大

ロシア革命以降の大きな変化は、もはや明治政府の統治体制ではこの激変を乗り切っていくことができなくなったことである。薩長閥の後退と政党人や官僚による満鉄支配への変化はすでに表れていたが、ロシア革命でその動きが一層強まることとなる。一九二〇年代に入ると政党色は一層強まる。原敬のバックで再度総裁になった野村龍太郎が再び総裁辞任に追い込まれたのはロシア革命後の一九二一(大正一〇)年五月のことである。その後を早川千吉郎が一九二二(大正一一)年一〇月まで、川村竹治が一九二四(大正一三)年六月まで、安広伴一郎が一九二七（昭和二）年七月まで、そして山本条太郎が一九二九（昭和四）年八月まで総裁の座に就任している。早川は三井銀行出身の銀行マン、川村は内務官僚だが、いずれも政友会系だし、安広は山縣閥の官僚であったが、次の山本は三井物産出身で政友会の幹事長を務めたれっきとした政友会の幹部である。このなかで、川村は、総裁辞任後台湾総督に就任するが、彼の夫人文子は川村女学院（現川村学園）の経営者であったし、山本の叔父の吉田健三は、戦後の宰相吉田茂の養父にあたった。その山本条太郎は、三井物産で腕を磨き、国際商戦のメッカだった上海で、三井物産支店長として辣腕をふるった。その後物産常務となるが、一九一四（大正三）年のシーメンス汚職事件に連座して退職。その後は政友会幹事長、政務調査会長、さらには東方会議でも中心的役割を演じた。そして一九二七（昭和二）年七月から満鉄総裁に就任する。満を持しての登場である。その際、上海時代に知り合い、肝胆相照らす仲となった松岡洋右を副総裁に抜擢している。こうして政友会コンビの山本と松岡は手を携えて満鉄経営の再建に乗り出すこととなる。

山本条太郎の満鉄経営

満鉄の再建にあたって何が課題だったのか。ここでは少しく一九二〇年代に起きた中国での政治変化に関して言及しておかなければならない。この時期起きた中国東北での大きな変動は、一九一一（明治四四）年の辛亥革命で清朝が倒れ、清朝封禁の地、満洲でも軍閥割拠のなかで奉天軍閥と称された張作霖《ちょうさくりん》がその支配権を拡大してきたことだった。張作霖は、東北の支配権を清朝官僚から奪うと奉天、吉林、黒龍江《こくりゅうこう》の三省を制しただけにとどまらず、長城線を越えて直隷派、安徽派の闘争に乗じて二度の戦争を通じて北京を抑え、遠く軍を長江沿岸まで拡大して中国に覇を制することをもくろんだ。しかし部下の郭松齢《かくしょうれい》の反乱や一九二八（昭和三）年の蔣介石の北伐を前に敗退を重ね始めた。そんななかで山本・松岡は満鉄のかじ取りを任されたのである。二人は日本の満蒙利権の拡大と産業の振興に全力を傾けた。満蒙利権の拡大の前提は鉄道網の充実にある。鉄道網を拡充するためには張作霖の合意が必要となる。山本は、松岡を使って張作霖との粘り強い交渉を続けた。やっとの思いで山本らは、張作霖との間で満鉄基幹線から東西の未開の地に延びる満蒙五鉄道の敷設の合意にこぎつけるのである。このほか、山本は製鉄、製油、肥料工業の振興を目指して傘下の子会社を統合し、これを儲かる企業に育てる努力を積み重ねた。山本は短期間にこれまでの放漫経営の贅肉落としをして黒字経営に変え、満鉄を儲かる会社へと変身させた。彼が満鉄「中興の祖」と称されるゆえんである。まれに見る経営的才能をいかんなく発揮し、やや不得手な外交政治折衝は松岡に委ねて二人は手を携えて満鉄経営を推進した。山本を支えた松岡は山本に抜擢されて満鉄副総裁を務めた後、山本の退職と時期を同じくして一九三〇（昭和五）年には満鉄を退職、衆議院議員を経て一九三二（昭和七）年にはジュネーブで開催された国際連盟の日本代表団の首席全権として参加し、連盟脱退を宣言している。その後一九三五（昭和一〇）年から一九三九（昭和一四）年までは満鉄総裁として活動するのである。日中戦争を挟んだ日中対決が先鋭化する五年間のかじ取りをゆだねられた松岡の動きが満鉄の方向に決定的影響を与えるのだが、その点は「四　日中戦争後の満鉄」に譲ろう。

三　満洲事変後の満鉄と調査部

満洲事変と満鉄

一九三一（昭和六）年九月満洲事変が勃発すると満鉄に新たな課題が課されることとなる。満洲事変というのは、関東軍が、満鉄沿線の瀋陽に近い柳条湖という地点で満鉄線路を破壊し、それを口実に瀋陽を拠点とする奉天軍閥を攻撃し、一挙に満洲全土を占領した局地的戦争を指す。当時ここを支配してきた奉天軍閥の雄・張学良は、三年前の一九二八（昭和三）年六月関東軍の河本大作らによって父張作霖を爆殺されており、その後を継いだ学良は国民党の蔣介石が進める北伐と称した中国統一運動に賛同、これに参加する動きを見せ、反日の姿勢を鮮明にした。この張作霖爆殺事件で河本らの関係者を厳罰に処すとしながら実行しなかったことで天皇の叱責を受けた田中義一政友会内閣は瓦解する。田中内閣総辞職とともに山本総裁も辞任、せっかくの満蒙五鉄道計画も画餅と化し、総裁は一九二九（昭和四）年八月仙石貢に、そして事変勃発直前の一九三一（昭和六）年六月には内田康哉に交代していた。仙石はれっきとした鉄道屋だが、内田はロシア革命勃発時の駐露大使で、シベリア干渉戦争に「外務省内部で出兵反対の最強硬論者」（細谷千博『シベリア出兵の史的研究』）だったために内田の意見は寺内内閣の下で握りつぶされた経緯がある。しかし満蒙利権を守る点では軍と歩調をともにしており、満鉄総裁から斉藤実内閣外相に転じた際には「焦土外交」宣言を残している。いずれにせよ、国民革命に強い共感を示した張学良に対して、関東軍は、彼の排除を画策して満洲事変を起こしたわけである。関東軍は、兵を瀋陽から吉林、さらにはソ連と利害が錯綜する北部シベリア国境の黒龍江省まで拡大した。そして翌三二（昭和七）年二月頃までに満洲全土を占領し、三月には満洲国を作り上げた。この間満鉄は兵員の鉄道輸送や沿線の治安確保、情報収集などで積極的に関東軍を支援した。さらに、対欧米ソ中との複雑な国際関係の狭間のなかで、これを処理するために関東軍は、満鉄調査部のなかでの国際法などの法律専門家の援助を要請したのである。満鉄調査部の面々もこうした活動に参加した。

満鉄『社報』に見る満洲事変

では、満洲事変の勃発を満鉄の『社報』はいかに報じているのだろうか。『社報』とは、正式名称は『南満洲鉄道株式会社社報』で、満鉄発足当初から終焉を迎える一九四五（昭和二〇）年八月まぎわまでほぼ毎日発行されていた社内報で、数頁から数十頁まで時期によってそのボリュウムは異なるが、社内の重要事項を「社告」「示達」「通達」「法令抄録」「雑録」といった分類で社員に徹底させるために発行されていたものである。では、この『社報』で、満洲事変は如何に報じられていたか。実は、事件が勃発した一九三一（昭和六）年九月一八日の『社報』には、満洲事変に関するなんらの報道もない。『社報』にそれが最初に出てくるのは一九三一年一〇月一三日付けであった。内容は、満洲事変の戦死者三九名の遺骨を輸送すべし、というものであった。しかし、これでは満鉄が事変にかかわったのかどうかは定かではない。しかし翌三二（昭和七）年一月七日になると『社報』の「訓諭」のなかで「事変勃発以来我社一同が皇軍の活動援助のため身命を賭して各任務に尽瘁せられたるに対しては茲に改めて感謝の意を表す」という記事が登場する。この一文で満鉄がこの事変にかかわったことがわかる。さらに、一九三二年八月二一日の『社報』では、その冒頭に「関東軍司令官より社員に対する感謝状」が掲げられ、その全文が紹介されていた。これは離任する満洲事変時の関東軍司令官の本庄繁が満鉄社員に贈ったものであった。本庄曰く「九月一八日満洲事変勃発するや社員各位は能く今次事変の重大性を認識し真に軍民一致の範を垂れたり」「大作戦は鉄道なくしては遂行し難く機動作戦は愈々これに依って光彩を放つ」「神速なる関東軍の行動は実に帝国の実力を背景とする貴鉄道厳存の賜なり」「武装なき社員各位が繁劇なる軍事輸送に従いつつ勇躍して危地に赴くところ伝統の日本精神の発露とは謂え本職の尤も欣快とし尤も感謝に堪えざる所なり」「唯々兇刃に斃れたる社員と遺族とを想えば寔に断腸の思いあり」「茲に大命に接し終生思出の地たるべき満洲を離るるに方り社員各位の偉績と後援とに対し衷心より感謝の意を表す」と。事変勃発当初からその終結まで一貫して満鉄が関東軍の作戦を支えていたことが分かろう。ここに満鉄と事変のかかわり合いを具体的数値で示しておこう。

事変に際して軍から召電を受けた社員	約一〇〇〇名
事変従業社員	約一万六四〇〇名
事変及び建国犠牲社員（日、満、露）	一七九名
内日本人社員	一二八名
内靖国神社に祀られた者	六一名
叙勲賜杯者	二万三三九一名
建国当時満洲国政府に居残った旧満鉄人	二三五〇名

（菊池寛『満鉄外史』）

いかに満鉄が、満洲事変にかかわったか、そして満洲国政府の樹立に関与したかについて詳しい説明は必要なかろう。この上記の数値が、それを如実に示しているからである。

石原莞爾と田中智学と満蒙占領策

この満蒙占領作戦を立案、実行した人物が関東軍参謀の石原莞爾である。陸軍切っての秀才といわれ、熱烈な日蓮教信者として「世界最終戦論」という独特の世界観を持つこの軍人の発想と行動を見ておくことは、その後の満鉄調査部の理解には欠かす事ができまい。そもそも生粋の軍人の石原を宗教界に導いた人物は田中智学である。明治維新後の廃仏毀釈の嵐のなかで、なりを潜めた仏教界のなかで敢然と抵抗し仏教界の復権を唱え、その改革を叫んだのが田中智学だった。田中の反抗の歴史は彼の師、日蓮宗大教院（現立正大学）院長新居《あらい》日薩《にっさつ》の学説への反抗に始まる。優陀那院日輝《にちき》に始まり新居日薩に受け継がれた学説は、明治初期に隆盛を極めた国学、需学を吸収するかたちで、日蓮の主要著作『立正安国論』の解釈を、日蓮以来の伝統的布教手段である折伏《しゃくぶつ》も捨てて他宗派との協調、連合を図りつつ仏教思想の伝播に努める方向に変えたことにあった。田中は悩んだ。「日蓮主義といふものは、折伏の仕立てを以て立つべきであるか優陀那院日揮師のいふが如く摂受《しょうじゅ》の信を以て立つべきものであるか」（田中芳谷『田中智学先生略伝』）と。悩むこと二年、彼は確信にも似た結論に到達する。「吾輩は摂受折伏の問題に就いては、幸ひに御妙判を研究して、末法の今日は折伏である、優陀那院師が摂受を取るといったことは間違って居るといふ事の結論を得た」(同前)。ときに一八七九(明治一二)年、智学一九歳の春のことだった。その後彼は宗門改革運動にまい進する。彼は、横浜を振り出しに日本各地で講演会を開催し、「英気さっそう舌端縦横、その天性の雄弁ぶり」(田中香浦『田中智学』)は人気を博し、講演白熱、その会場を貸した貸席は必ず繁盛したという逸話を残した。一九〇四(明治三七)年に日露戦争が勃発すると、この戦争はロシアの武力的統一(領土拡張)に対する明治天皇の文明的統一(宗教勢力扶植)の戦いと位置づけた『世界統一の天業』を上梓し、一九一〇(明治四三)年発表した『日蓮聖人の教義』では、日本は日蓮主義による世界統一をなす使命があると主張し、一九一四(大正三)年には国柱会を設立、日刊紙「天業民報」を発刊し、全国支部組織を広げていった。石原莞爾も智学の思想と講演を聞き感激し一九二〇(大正九)年に入会したのである。石原が満洲事変後帰国した一九三二(昭和七)年二月

石原莞爾関東軍参謀(歩兵第4連隊長のころ、1933年撮影、毎日新聞社)

に智学は、これを世界統一の第一歩として、彼に曼荼羅を贈りその業績をたたえている。

満洲国と日本人

満洲国は様々な日本人をこの地にひきつけた。最も身近な「外国」として、自分の夢とロマンを実現できるかも知れない「日本人の桃源郷」と写ったのであろう。甘粕正彦も満洲に夢を賭けた一人だ。一九二四（大正一三）年の関東大震災でのアナーキスト大杉栄と伊藤野枝、甥の橘宗一の虐殺の責任を負った彼は、その廉で収監、刑期を短期で終了、出獄後はフランスへ渡り、後に満洲でその生きる道を見出した。そこでは、裏の世界では阿片王、表の世界では満洲文化を代表する映画界の帝王、満洲映画協会（満映）理事長。彼は、李香蘭（山口淑子）、などの女優を使って映画を世に送り出した。彼にまつわる逸話は数知れない。宴会の席で、いきなり鍋のなかに吸いかけの煙草を入れるというような奇怪な行動が見られる反面、反日の廉で憲兵隊がしょっ引いた俳優を強引に取り戻す行動。女優を宴会の席で酌をさせようという関東軍軍人の要請を「女優は芸術家、酌婦ではない」と頑として拒否した態度。日中従業員の賃金の平等を実施した辣腕、などなど。奇行、逸話は枚挙に暇がない（山口淑子・藤原作弥『李香蘭　私の半生』）。

指揮者小澤征爾の父親小澤開作もその一人だろう。歯科医として一九二〇年代満洲に渡った開作は、一九二八（昭和三）年満洲青年連盟の結成に参加、満洲事変後は「王道楽土」の建設を夢見て板垣征四郎や石原莞爾の支援を受けた満洲協和会の結成にも参画している。当初その名の通り民族協和を標榜していたが、関東軍参謀長小磯国昭や皇帝溥儀の反対も重なって、協和思想は骨抜きとなり、単なる満洲の統治機構の一つに改編されると、失意のうちに小沢は一九三七（昭和一二）年新たに華北占領地に中華民国新民会を結成、活動を継続した。小澤征爾は一九三五（昭和一〇）年奉天で生まれているが、彼の名の征爾は、関東軍参謀だった板垣征四郎と石原莞爾から一字ずつ貰っている。

彼らは満洲に夢をかけた面々だが、逆に満洲から離脱して日本に帰った人物もいる。歌手の東海林太郎がそうだ。彼は一八九八（明治三一）年秋田県（早稲田大学校友会名簿では山形県とある）に生まれた。一九二二（大正一一）年早稲田大学商学部卒業。在籍中は音楽会声楽部に所属していたという（『早稲田大学百年史』第三巻）。卒業後に満鉄入社、退社後は友人とともにコーラス団を作り一九三三（昭和八）年にコンクール入賞。この年から日本ポリドール蓄音器会社に入社して専属歌手として活動した（『早稲田大学紳士録』）。

四　日中戦争後の満鉄

盧溝橋事件と伊藤武雄

一九三七(昭和一二)年七月盧溝橋で日中両軍の衝突が発生し、これがきっかけに日中両軍の全面戦争へと発展する。これが結局は日本帝国の敗北の直接の引き金となるのだが、この衝突の拡大に満鉄が深くかかわっていた。事件が勃発したのは一九三七年七月七日の深夜のことである。事件は、北京郊外の盧溝橋で夜間演習を実施していた日本軍に何者かが発砲したことから始まった。満洲事変以降長城線を越えた日本の侵攻が強まり、中国側の反発がこれまた高まっていたこの時期にこうした小競り合いはいたるところで頻発していた。しかし発生場所が北京に近く中国側の反発力が強力だったこと、かつ日本側も参謀本部の武藤章や関東軍参謀長の東條英機など事件拡大派が強硬だったこと、ときの総理近衛文麿の決断力の不足なども手伝って、事件は調停、衝突を繰り返しながら不拡大を主張する石原莞爾らが孤立するかたちで八月一五日には上海を巻き込んだ全面戦争へと広がっていった。ここで注目しておきたいのは、関東軍と満鉄の動きである。事件勃発当初、盧溝橋に近い天津には天津軍司令部と満鉄天津事務所が開設されていた。天津軍は日本側当事者だから当然としても満鉄天津事務所が事件拡大に積極的に動いたのである。当時の事務所長は伊藤武雄である。事件が勃発すると七月一一日以降天津軍から関東軍を通じて伝えられた要請に応じて、鉄道や治安、国際法の専門要員を華北に派遣したし、盧溝橋事件が、「北支事変」「支那事変」と拡大するにつれて、その派遣要員を増加させて、占領地の治安保持要員や鉄道関係の要員までも増派した。こうして、満鉄も満鉄調査部も日中戦争へ積極的に加担する方向へと動いていったのである。現在中国の遼寧《りょうねい》省檔案館にその暗号文書が残されているが、所長の許諾なくしては発信できない内容ばかりなので、伊藤が打電させた可能性が高い。伊藤は、一九一八(大正七)年から一九四五(昭和二〇)年まで満鉄調査部畑を歩き著書『満鉄に生きて』を上梓し、戦後は中国研究所所長、日中友好協会副会長として日中友好運動に寄与した人物としてその名を知られている。その彼が、実は事件拡大の急先鋒だった、というのは考えにくいのだが、残された史料はそう語っている。

広がる戦線と占領地運営

ところで一九三七(昭和一二)年七月に勃発した日中戦争は、瞬く間に華北から華中へと拡大し、やがて中国全土を覆う日中全面戦争へと拡大していった。当初短期決戦を想定していた日本軍は、一九三八(昭和一三)年五月の徐州《じょしゅう》作戦で蒋介石主力軍の包囲殲滅に失敗し、同年一〇月の武漢作戦でこれまた再度、蒋主力野戦軍を逃し、蒋は重慶へと後退して抗戦を継続することとなる。この間日本軍は短期決戦を想定して兵員を逐次投入した結果、武漢作戦当時までに総兵力は七〇万余に達し、日本に残る兵力はわずか数個師団のみという状況に陥った。戦線が拡大し、短期決戦は長期持久戦となるなかで、戦争の見通しがつかないままに、いかにこの戦争を収めるかが大きな課題となり始めていた。その後は、占領した中国沿岸地域の占領地行政をどう円滑に展開できるかが、大きな課題となった。この占領地運営に満鉄と満鉄調査部が動員されたのである。まず、占領地の中国側の工場や鉱山などの「敵産」の管理運営が興中公司に任された。この会社の社長が満鉄理事の十河《そごう》信二だったことに象徴されるように満鉄から派遣されたスタッフが運営していた。のちに華北交通という会社が運営するが、この主要スタッフも満鉄から派遣された人員で運営された。占領地は決して治安が安定していたわけではなかったが、満鉄職員や調査部員はそこでの宣撫工作に動員された。

松岡洋右と満洲国と満鉄改組

日中戦争を挟む一九三五(昭和一〇)年から一九三九(昭和一四)年までの五年間、満鉄総裁を務めたのが松岡洋右だったことは前述した。この間満鉄を包む環境は著しく変化していた。その変化の第一は、一九三二(昭和七)年に満洲国が誕生したことだった。日露戦争以降鉄道会社というよりは、恰も「小国家」の観を呈していた満鉄は、満洲国の誕生とともに「国家のなかの国家」の位置となり、なんらかの整理が必要となってきたことである。つまりは、満鉄をなんらかの形で改組する必要性に迫られたということである。第二は、第二章で詳述することだが、資源豊かな満洲が軍主導の統制経済による軍需基礎工業の育成の重要な柱になるに伴い、一九三三(昭和八)年から一九三五(昭和一〇)年にかけて「満洲産業開発五カ年計画」が急速に具体化され、その担い手の候補に満鉄があげられてきたことである。つまり、日露戦争以降経験をしたことがない満鉄の大改革という課題が、一九三五年に総裁に就任した松岡の前に浮上してきたのである。これに松岡はいかに対応したのか。まず満鉄改組という課題を積極的に推し進めたのが関東軍であった。関東軍は一九三三(昭和八)年一〇月に特務部の沼田多稼蔵中佐が車中談話として改組を新聞発表し、この問題を表面化させた。これに満鉄社員会は猛反発し、「満鉄は、明治天皇の御遺産」で始まる宣言文を発表して、これへの反対運動を展開し始めた。

しかし関東軍と満鉄の合意で、満鉄の擁する膨大な付属事業を満洲国法人として独立させ、満鉄を持ち株会社としてこれを日本国法人とする事実上の満鉄改組が進行したのである。この方針は、拓務・大蔵・外務各省の反対で一頓挫するが、一九三四(昭和九)年に入ると関東軍・陸軍省の満洲支配権限は一層拡大し、一九三四年九月の在満統治機構統一案の確定により、拓務・外務の対満発言権は事実上剥奪される形で、満洲での関東軍の権限は強化された。満鉄は次第に鉄道部門に追い込まれ始めた。満洲進出に意欲を燃やす日産と満洲産業界の雄としての位置に陰りの見える満鉄、この両者の抗争は、日産の満洲移駐をもって最終決着を迎える。最初にしかけたのは満洲国国務院総務庁長だった星野直樹だった。星野は日産の総帥鮎川義介に満洲移駐を懇願した。初め、せめて五カ年計画のなかの自動車産業だけでもと願う星野に対して、鮎川は五カ年計画全体を引き受けるのでなければ面白くないといい放って星野を驚かせる。鮎川の構想は、日産全体が満洲へ移駐し、外資を導入して五カ年計画を推進するというのである。後に星野は、「アジを釣りに行って鯨がかかったようなもの」と回想している(『見果てぬ夢』)。星野は、あとの詰めを総務庁次長に就任した岸信介に任せる。岸は東京と満洲を頻繁に行き来して調整したが、極秘に事を運ぶため、当時としては珍しく飛行機を使って行き来したという。日産の満洲移駐の経緯は星野が語る通りだろうが、当時の日産は、結城財政下の本社、子会社への二重課税と軍需景気の一巡で経営は苦しく、満洲進出に活路を見出さざるを得なかったというのが本音のところだっただろう。他方の満鉄だが、東京帝国大学文科大学哲学科を卒業し同大教授を経て一九三二（昭和七）年七月満鉄総裁に就任した学者肌の林博太郎を次いで一九三五（昭和一〇）年八月政界から転じて総裁の座に就いた松岡洋右は、事の次第を知って激怒したというが、これはポーズの可能性が大きい。なぜなら、林から職務を引き継ぐにあたって、この間の経緯は耳に入っていたであろうし、松岡自身「満洲国の開発と積極的鉄道政策」論者であり（『満鉄を語る』）、満鉄の鉄道部門への特化は、彼の長年の主張とも合致するからである。交渉の中心人物の岸信介は、満鉄総裁松岡洋右とは親戚であり、松岡洋右と鮎川義介もまた遠縁かつ親友でもある。そして、三人はともに長州、山口県の出身で、同郷である。いかようにもいいつくろうことは可能だったに違いない。この三人がコンビを組んで日産の満洲移駐を完成させたのである。

1935年から満鉄総裁を務めた松岡洋右（1932年撮影、毎日新聞社）

綜合調査の開始

そんななかで満鉄調査部は、この戦争の行方を分析する一大プロジェクトを立ち上げた。一九三九（昭和一四）年から始まった満鉄調査部あげての大仕事は綜合調査と称された支那抗戦力調査であった。ここには、調査部の精鋭が投入された。調査部のなかには、戦後九州大学教授となる具島《ぐしま》兼三郎や中国研究所長として日中友好運動を指導した伊藤武雄、ゾルゲ事件で死刑となった尾崎秀美《ほつみ》などがかかわっていた。調査一年余で、彼らは大部の報告書を作成する。全部で五編一〇分冊、約九七万字、四〇〇字換算で二四〇〇枚余に及んでいた。そして、その報告書のなかで彼らが出した結論は、日本の敗北こそ記述しないものの日本の勝利を予測するものではなかった。むしろ蔣側の農村での住民動員や国際協力の強さを指摘していた点では、日本の暗い将来を予測していた。この支那抗戦力調査が何処まで日本軍の対中作戦に影響を与えたかは定かではない。しかし日本軍の一部にあった対中和平工作の動きに拍車をかけたことは間違いない。

支那抗戦力調査に続いて一九四〇（昭和一五）年から一九四二（昭和一七）年にかけて「日満支ブロック・インフレーション調査」と「戦時経済調査」が実施された。また東亜研究所から委託されて一九四〇（昭和一五）年以降支那慣行調査が、またこれと関連して支那都市不動産慣行調査、支那金融・工業慣行調査が実施された。戦時経済調査や支那慣行調査などは、一九四一

（昭和一六）年末のアジア太平洋戦争の勃発と戦局の悪化のなかで中途で中止せざるを得なかったが、支那農村慣行調査に関連した現地での調査者の質問やそれへの回答記録、関係者の座談会を収録した記録は、戦後の一九五二（昭和二七）年から一九五八（昭和三三）年まで六年かけて『中国農村慣行調査』（岩波書店）として刊行された。

日中戦争の拡大と満鉄

前述したように満鉄は、満洲事変の時に関東軍の作戦に深く関わったように、日中戦争時にも占領地経営に深く関わった。日中戦争勃発に先立つ一九三五（昭和一〇）年一二月に興中公司が大連で設立されている。同公司は、満鉄からの出資を中軸に野村系財閥資本を導入しながら、表面的には「満・支貿易」の促進を旗印に掲げていたが、実態は関東軍や天津軍といった日本の出先の軍部と連携して華北分離工作を進めることを目的としていた。社長には、満鉄理事の十河信二が就任した。同公司は、一九三七（昭和一二）年七月の日中戦争勃発以降は、占領地の工場や鉱山、港湾、鉄道といった「敵産」の経営を委嘱され一九三九（昭和一四）年時点でその数は炭鉱二〇拠点、電気会社一六社、製鉄会社三社などに上った（国松文雄『わが満支廿五年の回顧』）。なおこの会社は一九三八（昭和一三）年一一月に設立された北支那開発株式会社、中支那振興株式会社に漸次これらの軍委嘱工場の経営管理を委譲していった。しかし、満鉄は北支那開発株式会社傘下の華北交通に一〇〇〇万円の出資をするなど華北、華中の日系企業の活動に積極的融資を実施して日本の中国占領地経営に関与していくこととなる。

満鉄は鉄道関係だけでなく、占領地での宣撫工作にも積極的に人員を派遣していた。一九三八(昭和一三)年二月頃から華北の濟南・天津間の七カ所に宣撫班を派遣して、日本軍の治安統治に全面的に協力したし(遼寧省檔案館編『満鉄與侵華日軍』一八)、華中でも一九三七(昭和一二)年一二月頃から嘉定、太倉、嘉興、松江、鎮江、杭州などの占領地へ満鉄から宣撫班が派遣され、工作が展開された。

五　アジア太平洋戦争と満鉄

太平洋戦争の勃発と満鉄

一九四一(昭和一六)年一二月八日、太平洋戦争が勃発した。開戦と同時に日本軍はフィリピン、マラヤに攻撃をかけ、一九四二(昭和一七)年一月にはマニラを占領、フィリピン軍政部を設立し、二月にはシンガポールを占領してマラヤ軍政部を、三月には蘭印（現インドネシア）の中枢バタビアとビルマの要衝ラングーンを、五月にはラングーンに次ぐビルマ第二の都市マンダレーを攻略、六月にはビルマ軍政部を設立した。また、海軍部隊も一九四二年二月にはビスマルク諸島にまで侵攻、この結果、日本軍は、東はビスマルク諸島から西はビルマまで、北はアリューシャン列島のアッツ、キスカの両島から南はチモール島までの広大な地域を占領し、一九四二年前半までに、ほぼこの地域から英、米、仏、蘭を駆逐することに成功した。

ソ連に対して北方の守りを分担していた満鉄と関東軍は、緒戦には大きな動きを示してはいない。日本国内と中国戦線から抽出された部隊が主体となって東南アジア占領作戦は展開されたからである。緒戦の勝利で短期間に広範な地域を占領しえた背後には、日本軍が対峙した軍隊の主力が士気の低い植民地軍だったこと、当初の英米の基本戦略は、ナチスドイツの打倒におかれ、対日戦争はそのめどがついた後とされ、必要な兵力や資材、物資がアジア戦線に送られなかったことがある。その結果、短期に広範な領域を占領できたのである。

南方戦線での調査協力

占領地行政を展開するにあたり、基礎調査はその不可欠の前提となる。占領地調査で豊富な経験を持つ満鉄調査部に動員がかかったことはいうまでもない。東南アジアといってもイギリス植民地だったマラヤ、ビルマ、シンガポール、アメリカ植民地だったフィリピン、オランダ植民地だった蘭印、フランス植民地だった仏印（現ベトナム、ラオス、カンボジア）と多種多様である。当然、占領地調査にも複数の調査部隊が投入された。満鉄調査部が担当したのは、陸軍が占領したビルマとマラヤだった。このほかフィリピンには三菱経済研究所のスタッフが、蘭印には東亜研究所のスタッフが調査を担当した。調査員は一九四二（昭和一七）年一一月下旬任地へ出発したが、満鉄ビルマ班は一九四三（昭和一八）年一月ビルマ到着前に英軍の空爆を受け被害を出した。他方マラヤ班は無事にシンガポールに到着、一九四三年一月から活動を開始した（枝吉勇『調査屋流転』）。彼らは、占領地行政に必要な基礎資料の収集調査を開始したが、開始ほどなく連合軍の本格的反撃が始まり、調査に必要な政治的安定が得られないままにゲリラ活動が活発なため「表面の状況の監察に止まり」（同前）その活動を終了した。したがって、占領期間があまりに短かったのと、占領地の治安が安定せず、調査どころの状況ではなかったことから、その成果は定かではない（太田常蔵『ビルマにおける日本軍政史の研究』）。

敗戦への道

しかし一九四三（昭和一八）年以降南方での日本の戦況が劣勢となるにつれて、北方の守りを固めていた関東軍や満鉄にも影響が表れる。一つは関東軍主力が引き抜かれて南方戦線へと派遣されることとなったことである。今一つは輸送路としての満鉄の意義が高まったことである。一九四三年以降西太平洋での米軍の反撃が激しくなり、撃沈される輸送船が増加し、海上輸送が困難となるなかで、それに代わって陸上輸送が重視され、これまで華北、華中や南方からの物資が船舶で京浜、北九州に輸送されていたのを、満洲から朝鮮経由で日本海側の港に運び込まれ始めたのである。満鉄の位置は重要さを増していった。たしかにこの転移が成功すれば、船舶輸送に余裕ができて、南方作戦に回せる船腹は増加したであろうが、現実はそう簡単ではなかった。日本の工業地帯は太平洋沿岸地域に偏っており、日本海沿岸の港湾・鉄道輸送能力は貧弱で、満洲から朝鮮へ抜ける鉄道輸送力も集中する物量を前に「夥しい陸送転移物資の滞貨の雑踏ぶりは船舶不足と荷役力の不如意と重なって、全くの混乱状態を呈していた」(田中申一『日本戦争経済秘史』)。

調査部事件と北方での情報調査

その後一九四二(昭和一七)年九月には満鉄調査部は、関東憲兵隊の弾圧を受けて壊滅的ともいえる打撃を受けた。捜査理由は、調査部のなかに共産主義者が居るという疑いだった。国策の調査といえども、否、国策の調査であるがゆえに、その調査に必要なのは自由な行動と発想である。しかし東條内閣下では、そうした自由は共産主義とみなされ、弾圧の対象とされたのである。基幹調査部員四四名が逮捕された満鉄調査部は、半身不随状況に陥った。しかし事件後も北方調査班は存続してソ連調査は継続された。一九四四(昭和一九)年から一九四五(昭和二〇)年前半にかけて北方調査班は、独ソ戦の克明な情報を収集し関東軍幹部に伝え続けた。スタリングラードでのドイツ軍の敗戦、続くクルスクの戦闘、そして独ソ戦最後のベルリンの攻防戦をウオッチングしたのである。そして一九四五年五月以降ドイツを降伏に追い込んだソ連軍が、その攻撃軍の主力を西部戦線からシベリア鉄道経由で東方へ輸送しソ満国境へと集結してきていることも克明に調査して、関東軍司令部へ報告していた。こうした状況を冷静に分析する能力が関東軍にあれば、ソ連の侵攻をある程度予測できたであろうし、民間人の避難対策も立案が不可能ではなかった。しかし、関東軍はなんらそうした対策をたてた形跡はなかった。敵を刺激することを避けることに汲々だった関東軍にこれら満鉄調査部の貴重な情報を生かす能力はなかったのである。

六　敗戦とその後の満鉄

敗戦と引揚げ

一九四五(昭和二〇)年八月八日午前零時を期してソ蒙軍がソ満国境の西、北、東の三方から満洲国の首都だった新京（現長春）に向けて攻撃を開始した。すでに南方戦線にその主力を抽出していた関東軍の劣勢は覆いがたく、随所でソ蒙軍に突破されて、二週間後には首都新京はソ連軍の占領するところとなった。首都から脱出した皇帝溥儀一行も八月一八日には退位して満洲国は消滅した。この間在満一〇〇万人以上といわれた日本人は戦場の逃避行を余儀なくされ、そのなかには日本人満鉄社員は一四万人が含まれていた。日本人のなかでも、とりわけ悲惨だったのは国境周辺に配置されていた日本人満蒙移民だった。彼らは、ソ連軍の追撃を受けて守るべき関東軍もいないままに銃火の犠牲となった。混乱するなかで満鉄職員はその職を解かれた。

満鉄職員は、中国側に留用された技術者や特殊技能者を除き、大半のものは一九四六(昭和二一)年三月以降日本国内へと引揚げを開始した。一九四五(昭和二〇)年一〇月引揚げの責任官庁に厚生省が選ばれ、一一月には引揚援護局が開設され、翌四六(昭和二一)年三月にGHQの指令は、「引揚げに関する基本指令」に一本化されて日本政府に指示された。それまでは船腹不足も手伝って引揚げは進捗しなかった。この間、現地には日本人居留民会や日本人労働組合が結成され、一九四六年七月には国民党進駐下でそれらを束ねるものとして東北日僑善後連絡事務所が、満洲重工業開発株式会社(満業)元総裁の高崎達之助を主任に組織され、引揚げ事業が本格化した(満蒙同胞援護会編『満蒙終戦史』、若槻泰雄『戦後引揚げの記録』)。

日本国内も戦争の破壊と混乱のなかで、新たな職を求めて活動することとなったが、鉄道関係へ就職できたものは少なかった。調査部は、満鉄の終焉とともにその調査活動の幕を閉じることとなる。彼らのあるものは、占領したソ連軍と中国の共同管理下の中長鉄道(中国長春鉄路)に身をおいてわずかながらの資料を基に調査活動を継続し、また他の者は、中国側の戦後東北復興計画のための基礎調査に留用された後、日本へと引揚げたのである。

戦後賠償と戦後補償

戦後満鉄職員は帰国後の補償を求めて運動を展開することとなる。彼らは、帰国後まもなく、在外財産の戦後補償を含む元満鉄社員の諸問題解決のために満鉄会なる団体を結成している。日本人が残した在外財産に関しては、日本よりいくぶん早く連合軍に降伏したイタリアの場合には、外地イタリア人の財産は尊重され帰国を希望する場合には動産、不動産の処分は認められていた（柴田善雅「引揚者経済団体の活動と在外財産補償要求」『戦後アジアにおける日本人団体』）。この前例に従えば、外地日本人も連合軍から同様の処遇を受けることが期待された。そのために、一九四六（昭和二一）年九月には在外財産調査会が作られ、調査活動が開始され、一九四七（昭和二二）年半ばから『日本人の海外活動に関する歴史的調査』の執筆が開始された。この調査書は、総論、朝鮮篇、台湾篇、樺太篇、南洋群島篇、満洲篇などほぼ旧「大東亜共栄圏」各地をカバーする形で、その地域の政治、経済、社会、宗教などの活動が論じられていた。満鉄関係者も満洲篇の執筆に従事した。この調査書の目的は、日本人の在外財産の実態調査を行うと同時に、この在外財産は、「侵略とか、略奪とかいう言葉で、一列にいってのけられる取引の結果ではなく」「多年の正常な経済活動の結果」であることを証明することにあった（『日本人の海外活動に関する歴史的調査』総目次）。しかし、戦後の賠償交渉は、ポーレー賠償使節団による厳しい対日賠償請求で幕を開けた。日本政府は、これに対する対案を準備しつつ日本経済の戦後復興に向けた計画を立案していかねばならなかった。旧満鉄職員や調査部員のなかには、戦後復興に向けた司令塔である経済安定本部やそれが実施する傾斜生産方式の実施に具体的にかかわるものも出てきたが、この点に関しては第二章で詳しく論ずることとしよう。

戦後の満鉄調査部員

戦後日本へ引揚げた満鉄調査部員の多くは、教職に就くか、研究機関に再就職して、研究活動を展開することとなった。先にあげた九州大学教授となった具島兼三郎や一橋大学教授となった野々村一雄、愛知大学教授となった野間清、大阪市立大学教授となった天野元之助などがその代表的事例である。満鉄調査部から戦後経済復興の司令部となった経済安定本部（安本）を経て野村総研社長、会長を歴任した佐伯喜一等なども満鉄調査部の出身である。安本には、満鉄調査部出身の佐々木義武や山中四郎などが調査部員の席を占めた。佐々木は安本から経済審議庁、科学技術庁を経て衆議院議員となっているし、山中四郎も安本で活躍した。それ以外に戦後左翼運動に身を投じたものも少なくない。そんななかで、在野にあって調査研究活動を展開した人物に石堂清倫《きよとも》がいるし、日中友好運動を展開した人物に前述した伊藤武雄がいる。伊藤は、戦後『満鉄に生きて』(勁草書房)を上梓したが、この書物は、今でも満鉄研究の入門書としてその評価は高い。満鉄調査部員の多くは、戦後の敗戦から戦後復興、そして高度成長を生き抜く過程で、様々な形でその節々で重要な役割を演じた。かれらは、戦前・戦中の日本の国策に深く関与して、その一環で重要な調査活動を担当したのである。その意味では、日本のその後の「シンクタンク」の一つの姿を指し示しているといえるだろう。

日本近代史のなかの満鉄と満鉄調査部

第一章では、日露戦後に誕生した日本最大の植民地鉄道会社である満鉄の誕生から消滅までの歴史を述べた。満鉄の誕生は一九〇六(明治三九)年一一月。そして終焉は一九四五(昭和二〇)年八月。この間三九年間にわたって存続した満鉄とは何であり、どんな人物がかかわったのか。この間大きく四つの時期に分けながらその足跡と人物をたどってみた。これまでの記述が明らかにしているように、満鉄は、日本の明治から大正そして昭和まで、日露戦後から敗戦までの大陸政策に深くかかわり、その政策立案から実施過程でその中心的役割の一端を担ってきたのである。したがって、日本の大陸政策の展開は、満鉄の分析を除外して語ることはできない。満鉄調査部にして、また然りである。しかし、こうした活動のなかで、とりわけ我々が注目しなければならないのは、その調査活動が生み出した日本の国家改造案であろう。満洲事変後に関東軍指導下で、満鉄経済調査会が活動し、立案した満洲産業開発五カ年計画に代表される戦時高度成長政策は、その後日本国内に移植され、そして戦後の官僚主導の高度成長政策の重要な中核の部分を構成して大きな役割を演じたのである。以下、第二章では、満鉄調査部の国家改造案に焦点を絞りながら、その動きを見ていくこととしよう。

第二章　満鉄が生んだ日本型経済システム

一　ロシア革命の衝撃

一冊の本との出会い

戦後の日本の高度成長は誰が計画し、どこが主導したのか。チャーマーズ・A・ジョンソンChalmers Ashby Johnson,（一九三一年〜二〇一〇年）の著作、MITI and the Japanese Miracle: the Growth of Industrial Policy, 1925-1975,(Stanford University Press, 1982. 邦訳は矢野俊比古監訳『通産省と日本の奇跡』ＴＢＳブリタニカ、一九八二年）は、戦前から日本の産業を主導してきた通産省の役割に注目してその歩みを描いている。タイトルの通り日本の高度成長の奇跡を演出した通産省の動きに焦点をあてた著作として、その豊富な資料的裏づけには感心するし、アメリカとの比較で日本を見る視線には我々とは異質のものがある点では大いに参考になる著作である。しかし一読して感ずる印象は、やはり日本史のなかでの満洲の位置の認識が弱い外国人の著作だ、ということである。一言でいえば、戦前日本は東アジアの一大植民地帝国だった、という事実であり、そこで活動した植民地知識人の役割がなんら考慮されていないことである。戦後の領土は確かに四つの島とその周辺島嶼群に狭まったが、戦前からそうだったわけでは決してない。この連続性と断絶が日本史の近現代を語るときに決定的に重要であるにもかかわらず、その点に関する留意がなんら見られないということである。第二章では、日本の高度成長を推進した、日本型経済システムの起源が通産省の前身である商工省にあり、さらにそのアイデアが満洲の満鉄調査部にあったという点に留意してその動きをたどって見ることとしよう。

ロシア革命と宮崎正義

ここで、これまで部分的にしか言及しなかった満鉄調査部の一人の人物を登場させなければならない。彼の名は宮崎正義。岡松参太郎が後藤新平の陰に隠れて、その正当な評価を受けていないように、宮崎もまた関東軍の英才参謀と称された石原莞爾の影武者として、その姿は定かではない。世の人は、関東軍参謀石原莞爾の下で様々な政治工作をした組織として「宮崎機関」なる名称で彼の名を歴史に記することもあるが、彼を包むこの機関の実像を解き明かすことなく終わっている。

宮崎正義は一八九三(明治二六)年金沢市に生まれている。地元の金沢二中（現錦丘高校）を卒業すると石川県の県派遣留学生としてロシアに留学、その後満鉄の資金援助を受けて再度ロシアに学び、ロシア革命が勃発した一九一七(大正六)年にモスクワ大学を卒業、革命勃発直後に満鉄に入社したロシア通の研究者だった。

前述したように満鉄調査部は、革命後のロシア文献の収集と分析に努め、折からロシア革命問題を積極的に取り扱っていた大阪毎日新聞社と連携して一九二〇年代に一〇〇冊以上のロシア語文献の翻訳書や研究書、研究叢書を出版した。その中心的人物が当時満鉄調査部のロシア部局の責任者だった宮崎正義だった。

宮崎は、ロシア革命を体験した数少ない日本人だったが、彼がロシア革命の現場にいて、この歴史的瞬間を如何にすごし、如何なる教訓をくみ取ったかを見ておくことはその後の宮崎の動きを見る際に参考となる。彼は、金沢二中の同窓会誌『照星』の五四号に次のように記していた。

「一九一七年の大革命の当時は『ペトログラード』にあり、親しく此の大事件を見聞した。小生の親友たる日本人一名及び露人二名は市街戦の犠牲となって斃れた。自分は此の未曾有の一大事変により、世界観上に或るヒントを得た。が、革命の思い出を書けば、余りに長くなる故に此の処には略する」

彼は、ロシア革命から「世界観上に或るヒントを得た」と記述している。が、その内容に関しては何も触れていない。しかし、宮崎がその後生涯をかけて追究したものが日本の国家改造であったことを考えると、「世界観上に或るヒント」とは、国家というものは変わるし、変わりうるものだという実体験を通じた確信と理解しても、あながち的外れではないと思う。

だからといって、宮崎は、このロシアの経験が日本を含む他の国々に導入できるかどうか、という点では、かなり否定的だった。初めから宮崎はロシア革命をロシアの特殊現象と考えていたふしがある。宮崎が一九二〇年代半ばに発表した「露国に於けるマルクス主義」なる論文の結論部分で、「ボルシェビズムは現代露西亜の具体的表現である」「されど同時に進化の理法により露西亜に於いてもこのまま永く止まる事を得ず。況やこれと同じ形式及び精神にて他国に移す事に於いておやである。ボルシェビズムは唯露西亜なる特定国の一歴史期に於いてのみ必然である」と断じていた。宮崎は、ロシア革命をロシアの一時期の特殊現象と把握していたのである。

ロシア革命と日本の知識人たち

たしかに宮崎は、当時の日本国内の社会主義者を自認する知識人のロシア革命観とは一線を画していた。ペトログラードで暴動が発生しケレンスキー内閣が倒壊したという報道が日本に報じられたのは一九一七(大正六)年一一月一〇日のことで、以降各社は、競って外電や特派員報告を基に、革命の推移を報じていった。では、この報道に接した日本の知識人たちはどんな反応を見せたのか。著名な社会主義活動家だった山川均は、「研究会でロシア革命の話をしたのですが、どうも涙が出て話ができなかった」(山川均『社会主義への道は一つではない』)と述べ、東京帝国大学卒業後新人会で活動していた社会主義者の赤松克麿も「勇気と希望を与えてくれた」(赤松克麿『日本社会運動史』)と述べ、社会主義者で労働運動の指導者でもあった荒畑寒村も『寒村自伝』のなかでロシア革命についての感動を語っていた。このようにロシアと海を隔てた日本で社会主義者が書き残したロシア革命観は、革命への感動と革命に対する無知の二つだった。荒畑寒村も『寒村自伝』のなかで、ロシア革命勃発当初、「ロシア革命の性質についても、労兵会とよばれたソヴィエトの組織についても、新政府を構成した政党に関しても、ほとんど知るところがなかった」(『寒村自伝』下)と記しているように、彼らはロシア革命のなんたるかに関してなんらの具体的知識も持ってはいなかった。ただ、彼らは「新時代」が到来した、という感覚だけは共有していた。後の社会主義者の麻生久の感想は、その点を率直に次のように述べていた。「あらゆる物が、駆け足で、其儘目的地に行き着きでもするかの様に、何の苦労もなく、何の障害もなく、揚々として進んでいた。そしてそれは手をのばしさえすればすぐに届くのであった」(思想の科学研究会編『改訂増補　共同研究　転向』)と述べていることはその証左である（小林英夫・佐々木隆爾「『冬の時代』からの脱却」『歴史学研究』五一五号）。

彼らは、ロシア革命にあこがれ、ロシア革命と同じ道を行くことに青春をかけて活動を開始した。宮崎は、ロシア革命をロシアの特殊性とみなし、日本の国家改造は、それとは異なる道でなされなければならない、という確信を持った。では、その後の宮崎はいかなる国家改造計画を胸に描き、具体化して行ったのか。

調査部とソ連研究

ロシア革命は満鉄調査部に新たな調査課題を与えることとなった。それは、社会主義ソ連の研究だった。日本国内はともかく、満洲は、ソ連と国境を接していたぶん、その影響は大きく深刻であった。しかも、日本は米英仏カナダなどと連合して、ロシア革命に干渉し、シベリアへの干渉戦争を展開したわけだから、戦禍は、シベリアと接壌する満洲北部を巻き込み、満鉄沿線まで拡大して行った。隣国での資本主義体制と敵対する社会主義国家の誕生は、満鉄にその調査の任務を与えることとなり、いったん停滞した調査部は、再び拡充されることとなった。

調査部は、亡命ロシア人が集まるロシア北満の拠点ハルビンに事務所を開設し、情報収集に努めるとともに、ロシア問題専門家を集めて分析に着手した。そうした人物の一人にここで詳しく紹介する宮崎正義がいた。宮崎は、当時満鉄調査部を仕切っていた課長の佐田弘治郎と組んでロシア研究を活発化させた。またこの時期、宮崎と佐田は、関東軍参謀たちとも交流を深めていく。彼らが板垣征四郎や石原莞爾といった参謀連と接触を持ち交流を始めるのもロシア研究のなかであった。

満鉄調査部は創業時とは打って変わって部は課に格下げされるなど不遇状況だったが、さらに山本・松岡時代には「経済化」「実務化」の一環として、調査部の改編も試みられている。それは山本就任後のことだが、新たに臨時経済調査委員会が設立され、調査部を中心に各課から人員を抜擢して実務的な課題を研究する別部隊が編成されたのである。

ソ連研究書の出版

一九二〇年代満鉄調査部は、ソ連関連の出版物を大量に出すことで、日本でのソ連研究の権威者としての地位を獲得する。その前提として、ロシア革命後満鉄調査部は、ソ連関連の文献、機関紙、雑誌類の情報収集に全力をあげている。通称「オゾ文書」なる大量の豊富なロシア語文献の購入がある。満鉄は、開設まもないハルビン事務所を通じてザバイカル軍管区のオゾ図書館に所蔵されていた蔵書二万冊を購入している。さらに一九二三(大正一二)年九月から一二月までの四カ月間満鉄調査部は、全露農産博覧会の出品委員を装って渡露し、約一千部に及ぶ労農露国調査資料を収集し帰国している。そしてこれを翻訳すること五年間にロシア語原書五万頁、日本語に換算すると約七万五〇〇〇頁、つまり平均して五〇〇頁の翻訳書にして一五〇冊に及ぶ出版計画を立案しこれを実施することとして、大阪毎日新聞社から出版することとなったのである。日本の各新聞社は、ロシア革命後布施勝治、黒田乙吉といった辣腕記者をロシアに派遣し、積極的にロシア報道を展開していた。東京日日新聞の布施は、東京外国語学校出身の記者で、革命直後のロシアに入りペトログラード特派員として革命指導者レーニンと会見、帰国後の一九二一(大正一〇)年に『労農露国より帰りて』を大阪毎日新聞社から上梓したし、熊本県師範学校出で、大阪毎日新聞社モスクワ特派員の黒田乙吉もロシア革命を紙上で報道するなどの活躍をしていた。同じ時期に密入国し、決死行でソ連を取材した中平亮も同じ一九二一年に朝日新聞社から『赤色露国の一年』を出版したが、比較的客観的にソ連を観察した布施と比較すると中平のそれは密入国して取材したこともあろうが、「恐怖国家」というイメージが強く、出来栄えもいまいちである。大阪毎日新聞社からは、満鉄調査部編で一九二五(大正一四)年に『労農露国研究叢書』を手始めに一九三〇(昭和五)年まで『露亜経済調査叢書』約五〇余冊が出版された。

ソ連社会主義五カ年計画

宮崎は、ロシア革命後のソ連の動きを注意深く観察し、ネップ（ＮＥＰ・新経済計画）から計画経済に移行するソ連を観察すると同時に一九二八（昭和三）年から始まるソ連社会主義五カ年計画の分析を開始し始めた。第一次五カ年計画は、一九二八年から一九三三年までの間に国民所得を八二億ルーブルから五・四倍の四四四億ルーブルに、工業生産額を一八三億ルーブルから二・一倍の三八一億ルーブルへと拡大させる計画だった。また工業生産目標も銑鉄を三三〇万トンから八〇〇万トンへ、粗鋼を四〇〇万トンから八三〇万トンへ、鉄鉱石を五七〇万トンから一五〇〇万トンへとそれぞれ二倍以上に増産することを目標にしていた。しかもこの計画は「原案」と「最適案」に分かれていて、「最適案」は、前述の数値をさらに二〇％ほど上乗せした数値となっていた（Ａ・ノーヴ『ソ連経済史』）。増産の対象となった産業は、鉄鋼だけでなく電力や肥料、機械産業など重化学産業から農業分野まで含む全分野にわたっていた。農業分野では、集団化が強権的に進められた。しかも国家計画委員会（ゴズプラン）の指導下で、課税により農村から吸い上げられた資金は、中央銀行を通じて重工業部門に重点的に投下されたのである。

宮崎らの分析成果は、宮崎が主査を務める経済調査会第一部が一九三三（昭和八）年に創刊した『ソ連研究資料』の各号のなかに見ることができる。一九三三年にはすでにソ連は第一次五カ年計画を終了して第二次五カ年計画の段階に入っており、社会主義建設は本格化していた。『ソ連研究資料』第三号掲載の論文「ソ連第一次五カ年計画の軍事的意義」は、ソ連で進められていた第一次五カ年計画に焦点をあててその内容を概観し、この計画が戦時における軍需品の供給を可能にするため、内陸奥地に工業地帯を建設し、軍需輸送路で工業地帯と国境・沿岸を結んでいる事を強調していた。工業地帯の内陸部への移転という発想は、後の宮崎の五カ年計画構想に取り入れられて日本の地方工業の振興として具体化されるし、戦後中国での社会主義五カ年計画での内陸工業地帯建設にも影響を与える事となる。このほか宮崎は、ソ連が進めた農業の集団化と機械化、そこでのトラクターによる耕作サービスを担当するトラクターステーションの意義と役割についても注目した。日本農業をいかに機械化を通じて近代化させるかという課題も宮崎の最大関心事の一つだった。これと関連して、ソ連の労働者教育も宮崎の注意を引いた。一九三〇年代初頭、ソ連では工場での実地教育や高等工業学校での教育、工場実習学校など様々な手段での現場教育が実施されていた。宮崎は、こうした実地教育システムにも注意を払い、その実態を研究したのである。

関東軍と満鉄調査部の結びつき

こんななかから関東軍参謀と満鉄調査部員のつながりが生まれ始めた。急激な経済成長に裏づけられて、満洲と国境を接する極東ソビエト軍の兵備も急速に改善されてきており、その実情調査は関東軍にとっても大きな関心事となってきていたからである。しかし当時の満鉄調査部は、関東軍とはさほど緊密な関係ではなかった。歴史的に見れば、関東軍は、満鉄の鉄道守備隊にその起源を有しており、満鉄側の方に老舗意識が強く、折から一九二〇年代の国際協調、軍縮の時代で反軍意識の強いなかでは、関東軍の地位は低く両者が緊密に連携しあう関係は希薄だった。一九二八（昭和三）年関東軍参謀に就いた石原莞爾は「当時関東軍参謀は今日考えるように人々の喜ぶ地位ではなかった。旅順で関東庁と関東軍幹部の集会をやる場合、関東庁側は若い課長たちが出るのに、軍では高級参謀、高級副官が止りで、私共作戦主任参謀等は列席の光栄に浴し得なかった。満鉄の理事等にも同席は不可能なことで、奉天の兵営問題で、当時の満鉄の地方課長中西敏憲氏から関東軍幹部が散々に油を絞られた経験は今日もなお記憶に残っている」（高木清寿『東亜の父石原莞爾』）と述べていた。そんななかで、宮崎は、関東軍参謀の板垣征四郎や石原莞爾と積極的な関係を作り始めた。ソ連研究という共通の課題が両者を結びつけたのであろう。宮崎は板垣や石原に情報を求め、石原らも宮崎にソ連の分析を依頼し、また関東軍内での勉強会に宮崎を招待した。当時の石原との関係を宮崎は戦後の回想「秋二日」に次のように記している。宮崎が石原に招待されて旅順で講演した一九三〇(昭和五)年秋のことである。

「講演会場には(関東軍)司令官始め幕僚その他約五十名程集まっていた。ソヴィエート・ロシアの政治経済事情や日ソ関係等について二時間ばかり講演した。講演が終わった後懇談に移り、質疑応答などで大分時間が経った。しばらく経ったので辞して帰ろうとすると、石原さんが、もっといろいろ御尋ねしたいという熱心な幕僚たちが居るから御迷惑でなかったら晩餐をともにしたいといわれる。案内されて行ったのは青葉という料亭である。若い参謀の方々が五、六人来て居られる。多年の知己の如く談論風発、夜の更けるのも忘れた。石原さんはときどき同僚たちに辛辣な皮肉を浴びせて呵々大笑して居られた。遅くなって再び石原さんと同乗、馬車を駅に走らせる。夜空は澄みきって満空の星である。汽車が動き出すと石原さんはホームに直立不動、挙手の礼で送られた。何時までも、何時までも。私はその後も随分講演を頼まれたことはあるが、石原さんほどの心遣いをされたことは極めて稀である。昭和五年の秋の一日、当時私は大連満鉄本社の一職員に過ぎなかった」(『石原莞爾研究』第一集)。翌一九三一(昭和六)年九月に満洲事変が勃発する。ここで、また満鉄調査部は新しい役割を付与されて石原と宮崎は、満洲国建国の作業に取り掛かることとなる。

二　満洲事変後の満鉄経済調査会の活動

満洲事変と満鉄経済調査会の発足

満洲事変後の一九三二(昭和七)年一月に関東軍は、満洲統治の必要から満鉄調査部の別動隊として経済調査会を新設した。関東軍の意向を受けてその組織化に奔走したのが宮崎正義だった。この経済調査会は、その名の通り関東軍の別動隊となって関東軍の経済政策を立案する組織だった。設立にあたって、同委員会の委員長には、満鉄理事の十河信二が就任した。彼は、戦後、国鉄総裁に就任、新幹線建設で大きな力を発揮した。経済調査会委員長に就任した十河は、同委員会を「形式的には満鉄の機関であるが実質的には関東軍司令官統率の下にある軍の機関」であると称し、満鉄調査部員を経済調査会に移転させて、関東軍の経済国策の立案にあたらせたのである。さらに続けて十河は「したがって満鉄会社自体の利害を超越して、ときとしては満鉄の利益に反する計画立案をなす事もあるかも知れない、要は国家の大局から見て、如何に満洲の経済的開発をなすべきかに関し調査立案をすべきであると云う事を社義として決議した」（「満鉄経済調査会沿革史」『満鉄経済調査会史料』第三巻所収）とまで述べている。満鉄の利益よりは、関東軍が進める満洲国の利益を優先するというのである。

この組織の中心人物の宮崎正義は、ここで満洲国の経済政策の根本となる「満洲国経済建設綱要」を立案することとなる。満洲国建設一周年にあたる一九三三（昭和八）年三月のことであった。ここでは、満洲国は経済統制を実施することを明言する。その統制のやり方は、重要産業は国家統制と官僚統制で、それ以外のものは自由競争にゆだねるという、官僚主導の統制方式だった。経済調査会は、最盛期で調査部員は嘱託を含めれば三〇〇余名に達し、月に数冊の割合で調査報告書を出版し続けた。そして一九三五（昭和一〇）年からは満洲産業開発五カ年計画の立案に参加して、満洲国経済政策の根本を作ることとなる。

日満財政経済研究会とそのメンバー

経済調査会を立ち上げるにあたって大きな役割を演じた宮崎は、その後調査会が軌道に乗り始めた一九三三（昭和八）年からは、関東軍と満鉄の意向を受けて東京に移動して日満経済連携を具体化する作業に着手した。宮崎の東京行きの目的を草柳大蔵は『実録満鉄調査部』のなかで、当時副総裁だった八田嘉明の命令で満鉄改組を研究するためだと記し、「満洲を離れて東京で行え、と厳命した」と述べている。しかし、中国の遼寧省檔案館に残された史料から判断すると事情はやや違っていたようだ。一九三三年九月三〇日付け満鉄副総裁八田嘉明宛関東軍参謀長小磯國昭の電文「満鉄社員宮崎正義の東京駐在の件」では、大略以下のように述べている。「関東軍嘱託で満鉄経済調査会の宮崎正義を東京に在勤させ、日満経済ブロックにおける経済統制方策の研究立案を委嘱したいので、満鉄の方でこの目的のための適当な機関を東京にもうけられますようお取り計らいください」。満鉄改組という課題を包み込んだ、もっと大きな課題である「日満経済ブロック」結成が課題だったようだ。

宮崎は、日本に移ると着々と準備を開始する。その際鍵を握った人物が、軍では当時軍務局長だった永田鉄山、学界では東京帝国大学経済学部教授の土方成美《せいび》だった。永田は、幼少のときから秀才の名をほしいままにし、陸軍中央幼年学校、陸軍士官学校、陸軍大学校を優秀な成績で卒業し、一九二〇（大正九）年には第一次世界大戦後の欧州に派遣され、総力戦体制の実情をつぶさに観察し、ほぼ同時期に陸軍から欧州に派遣されていた小畑敏四郎、岡村寧次、東條英機らとドイツの温泉地バーデン・バーデンで将来の日本の総力戦体制構築を誓いあっている。他方土方は、東京帝国大学法科大学卒。財政学を学び欧米留学の後一九二一（大正一〇）年に東京帝国大学経済学部教授。一九三三（昭和八）年から一九三七（昭和一二）年まで経済学部長を務めるが、その後学内トラブルで一九三九（昭和一四）年に教授を辞任している。この時期はナチス統制経済の研究を行っていた。土方の紹介で、当時東京帝国大学経済学部助手だった古賀英正（戦後南條範夫のペンネームで直木賞作家となる）がこれに加わることとなる。

発足は一九三五（昭和一〇）年八月のことで、この月に永田鉄山が皇道派の相沢三郎に暗殺され、石原莞爾が作戦課長として参謀本部入りをしている。研究会の中心人物は宮崎正義と古賀英正だった。古賀は、研究会スタッフを取りまとめる実務責任者だった。彼の下には常時東京帝大や東京商大出たての一〇名以上の俊英の調査員が活動していた。協力者には法学者で後に東京都立大学（現首都大学東京）法学部教授となる戒能《かいのう》通孝や当時横浜高商教授で戦後は神奈川大学教授となった岡野鑑記らもいた。当時を回想して古賀は、「東大経済学部の助手の給料が当時六〇円だった。やめて日満（財政経済研究会）に就職したら給与が二倍以上になった。給与が二〇〇円というと当時の東大助教授クラスだったね。とにかく給与は良かった」と語り、「とにかく毎日が戦場のように忙しかった。徹夜をして立案書を作成するなんてことはしょっちゅうだった。あの頃は私も若かったし、他のメンバーもみんな若かったからできたんだと思う」とも述べている。では、彼らは、石原莞爾と連携しつつ宮崎、古賀の指導下で、どんな作業をし、何を立案したのか。

「世界最終戦争」への備え

宮崎らを急がせた理由は、一九三六（昭和一一）年にはロンドン軍縮条約が期限切れとなり、各国が、無制限軍拡競争に突入するからだった。その前に、きちんとした軍拡計画を立案しておく必要があったのである。しかし急いだのはそれだけではなかった。参謀本部作戦課長の石原には、世界最終戦争に備えるという彼固有の課題があったからである。では、石原がいう「世界最終戦争」とはなにか。耳なれぬこの言葉の意味を石原の言を用いて見てみることとしよう。

彼は、戦争を決戦戦争と持久戦争の二類型に分類する。前者は武力の価値が圧倒的に大きい戦争であり、後者は政治的手段が武力を凌駕する戦争である。そして有史以来の軍事史の推移から見ると決戦戦争と持久戦争は交互に現れるというのである。古代ギリシャ・ローマの時代は、市民から成る国民皆兵で、決戦戦争が展開された。中世になると傭兵が主体となり、戦争も政治的決着が主流となる持久戦争の時代となった。ところが、ナポレオン時代となると傭兵に代わり徴兵による革命軍が主体となった結果、決戦戦争の時代が到来した。この思想が第一次世界大戦まで継続したのである。第一次世界大戦が始まると、機関銃を主体にした防御陣地の強化と動員令による大量の兵力動員の結果、持久戦が主流に代わった、とする。過去の世界の戦争の歴史を以上のように整理した後で、石原は未来戦を次のように想定する。順番からいえば、来るべき戦争は決戦戦争であるし、将来、かならず一都市をも破壊しつくす殲滅兵器とそれを輸送する航空機が出現するであろうから、戦争は武力戦で短期で決着するはずである。では、最後に雌雄を決する国はどこで、それはいつか。それは、日本とアメリカの間で起こり、時期は、田中智学の教えによれば、仏滅後二五〇〇年が経過した末法のときであろう。日本はこの世界最終戦争に備えるために、東亜の民族の新しい道徳、民族協和思想とそれを物質的に裏づける「第二次産業革命」の推進が必要となるというのが、石原の「世界最終戦争」への備えとなるのである。

「満洲産業開発五カ年計画」の立案と実施

では、石原がいう「第二次産業革命」とは具体的になにか。一九三六(昭和一一)年二月に起きた二・二六事件の際、「昭和維新とはなにか」と青年将校に問われて、石原は「それは第二次産業革命の実行にある」といいきったという。かくいう「第二次産業革命」とはいったいいかなる内容なのか。

宮崎が日満財政経済研究会の若手を使って作成した案は「昭和一二年度以降五年間歳入及歳

出計画、付緊急実施国策大綱」であった（中村隆英・原朗編『日満財政経済研究会資料』）。ここでは、一九三七（昭和一二）年から向こう五年間の歳入、歳出の伸びを検討し、そのなかで軍事費を推計し、世界最終戦争に臨む産業再編計画とそれを可能にする強力な政治体制を提唱していた。内閣制度を廃止し満洲国のように国務院を軸とした行政府を作り国防産業を作り上げるというものであった。宮崎らは、一九三五（昭和一〇）年に具体案をまとめると一九三六（昭和一一）年秋には、関東軍、満鉄、満洲国の代表が集まり満洲産業開発五カ年計画を具体化して行く。そして、一九三六年末までにこの五カ年計画は満洲国の基本国策として位置づけられるのである。この計画は、総額約二六億円で、ほぼ日本の年間予算額の一・五倍に該当した。この計画完成の暁には、一九三七（昭和一二）年から一九四一（昭和一六）年までの五年間に満洲での鉄鉱石、石炭、銑鉄、鋼の大量生産を実現し、その他軍需産業の飛躍的拡大を図ろうというものであった。この計画を実現すべく宮崎らは、政・財・界・軍部の首脳の間を回って、その説得に努め、一九三七（昭和一二）年の林銑十郎内閣を立ち上げてこの計画の実行を迫ることとなったのである。

この五カ年計画が具体的にスタートした一九三七年五月に林銑十郎内閣は総辞職して近衛文麿内閣と交代する。さらに、同年七月には盧溝橋事件が勃発し、それが日中全面戦争へと拡大する動きを見せた。

三　満洲国官僚集団の形成

満洲国の官僚たち

　この段階になると、満洲産業開発五カ年計画は、立案者であった宮崎たちの手を離れて、満洲国の主要政策としてその実行は満洲国官僚たちの手にゆだねられていくこととなる。満洲国が建国されると、日本の各省庁から優秀な中堅・若手の官僚が多数この地に送り込まれた。各時期に満洲に派遣された主要官僚のリストを示せば次の通りであった（図表1、2参照）。彼らは、抵抗勢力が多い日本と異なる新開地で、白地のキャンバスに自由に絵を描くように、歳の割には大きな仕事を任せられて政策を大胆に推し進めた。最初に満洲の地に派遣されたのは、税務や関税、法制、商工などを担当した大蔵、司法、商工省の官僚たちだった。一九三二（昭和七）年には大蔵省から星野直樹、古海忠之を始めとする精鋭の若手官僚が、商工省からはこれまた選び抜かれた若手の高橋康順、椎名悦三郎、美濃部洋次らが派遣されて主要ポストを占

図表１　大蔵官僚の満洲派遣

	1932 年	1933 年	1934 年	1935 年	1936 年	1937 年
財政部	6	4		1		4
総務庁	2	1				2
監察院	1			1		
財務部	1	1	2	1		
国道部		1				
合　計	10	7	2	3		6
備　考 〔　〕内は満洲国での役職	星野直樹 〔財政・総務司長〕 山梨武央 〔財政・会計科長〕 源田松三 〔財政・税務司長〕 田村敏雄 〔財政・国税科長〕 田中　恭 〔財政・理財司長〕 松田令輔 〔総務・主計処長〕 古海忠之 〔総務・総務科長〕 高久田久吉 〔財務・総務司〕 寺崎英雄 〔監察・審計部長〕 阪田純雄 〔財政・税務署長〕	伊藤　博 〔内務・人事科長〕 米田正文 〔国道部〕 中沢武夫 〔財政・税務署〕 難波経一 〔財務・専売公署〕 松崎健吉 〔財政・銀行科長〕 古木隆蔵 〔財政・専売科長〕 毛里英於菟 〔総務・会計科長〕 美濃部信吉 〔満洲取引所理事長〕	杉村　正 〔財務・税務課長〕 小宮　陽 〔財務・理財課長〕	青木　実 〔財政・財産科長〕 服部辰蔵 〔監察・審計部〕 西山左内 〔財務・財務部長〕		西村淳一郎 〔財政・総務司長〕 松山外吉 〔財政・税関事務官〕 加藤八郎 〔財政・国税科長〕 原　久一郎 〔総務・会計科長〕 内田常雄 〔財政・会計科長〕 平田丈松 〔総務・企画処〕

図表２　商工官僚の満洲派遣

	1932 年	1933 年	1934 年	1935 年	1936 年	1937 年
実業部総務局	3			1	1	1
〃　工商司	2			1		
〃　鉱務司	1					2
〃　商標局	2		1	1	1	
〃　権度局			1			
臨時産業調査局				1		
合　計	8		2	4	2	3
備　考 〔　〕内は満洲国での役職	高橋康順 〔実業・総務司長〕 小野儀七郎 〔実業・総務司〕 椎名悦三郎 〔実業・総務計画科長〕 山本　茂 〔実業・工商科長〕 楢原　勉 〔実業・鉱務司〕 広瀬松夫 〔実業・商標局〕 美濃部洋次 〔実業・商標局〕 石坂善五郎 〔実業・工商司〕		高橋　哲 〔実業・商標局〕 風早義雄 〔実業・権度局〕	高津彦次 〔実業・総務司〕 始関伊平 〔臨時産業調査局〕 津田　廣 〔実業・工商司〕 蕚　優美 〔実業・商標局〕	岸信介 〔実業部次長〕 上原群一郎 〔実業・商標局〕	神田　暹 〔実業・総務司〕 岡部邦生 〔実業・鉱務司〕 松岡猛雄 〔実業・鉱務司〕

出典：図表 1,2 ともに , 大蔵省百年史編集室『大蔵省人名録』(1973 年)、戦前期官僚制研究会編・秦郁彦著『戦前期日本官僚制の制度・組織・人事』(東京大学出版会、1981 年)

め始めた。商工省にあって若手の官僚の満洲派遣を積極的に推し進めたのが、当時の工務局工政課長の岸信介だった。以下、ごく簡単に主たる派遣官僚の横顔を見てみよう。

星野直樹

満洲国建国直後の一九三二（昭和七）年に渡満した大物官僚の一人は星野直樹であろう。大蔵省の有望若手官僚として満洲行きに抜擢され渡満した星野は、その後財政部総務司長から財政部次長、国務院総務庁長を経て一九三七（昭和一二）年には国務院総務長官に就任している。ここで星野が就任した総務庁なるものが、満洲国家のなかでいかなる位置を占めていたのかを確認しておきたい。まず、満洲国政府組織は一九三二（昭和七）年三月の建国当初は、執政を頂点に立法院、国務院、監察院、法院の四権分立であった。しかし、日本の議会に該当する立法院は開催されることはなく、監察院も形骸化して機能せず、国政は国務院が中心であった（図表3参照）。さらにそれを日本との関連で拡大してみたのが図表4である。これは日本政府、関東軍、満洲国政府の関係を見たものである。これによれば、日本では陸軍省を通じて関東軍、なかでも軍司令官、参謀長下の第三課（後の第四課）へ命令が伝達される。命令は関東軍から総務庁次長、総務長官、国務院会議と上がっていくなかで政策が具体化されていったのである。

図表３　1932年３月建国時における満洲国政府組織と主要人事

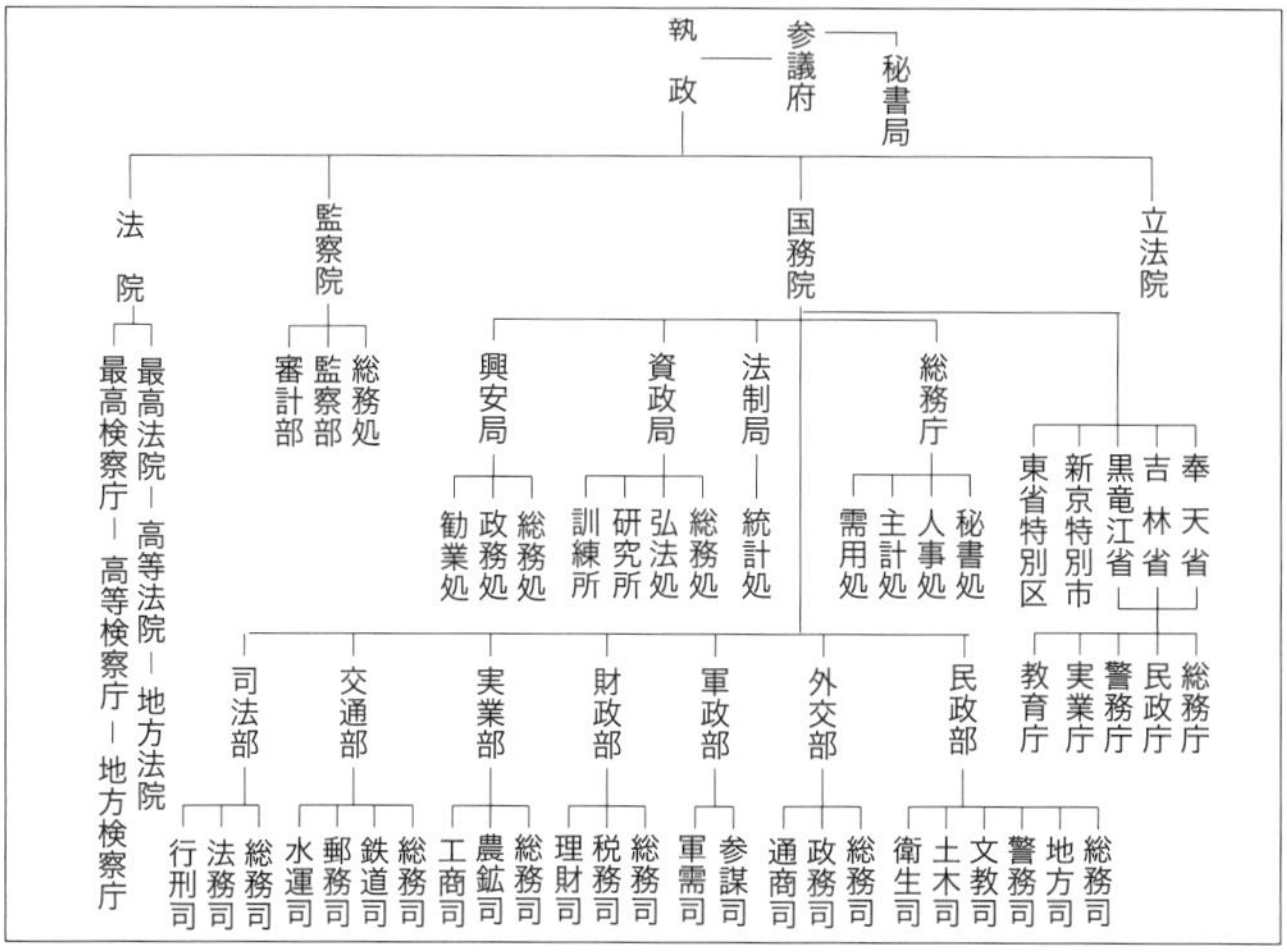

図表４　満洲国政策決定回路

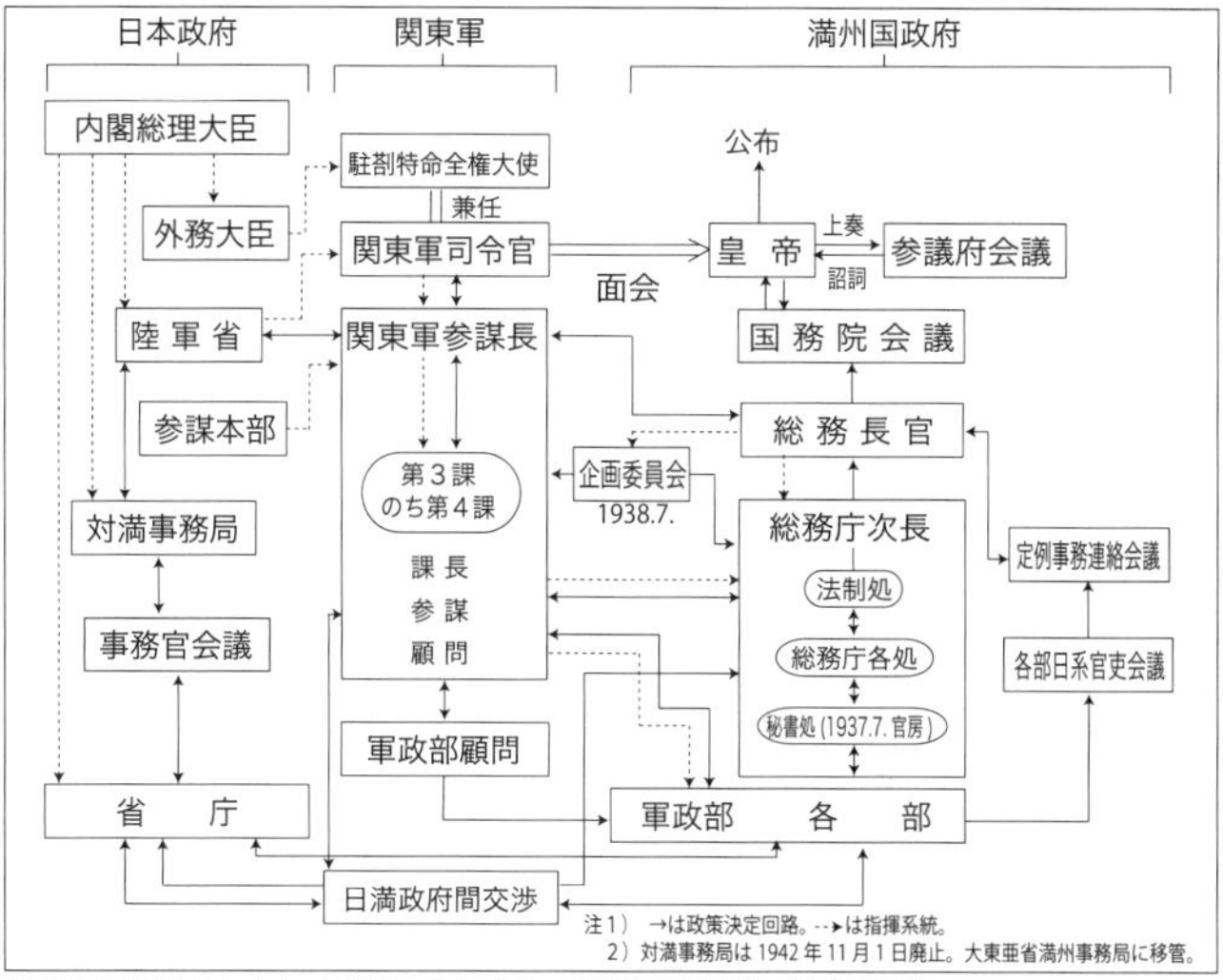

出典：図表3,4ともに山室信一『キメラ―満洲国の肖像』（中公新書）

「総務庁中心主義」といわれるように、満洲国では総務庁が決定的に重要で、ここに日本から派遣された優秀な官僚が配置された。したがって、星野は、このポジションを占めることで、実質的には満洲国総理の位置に座ったのである。

岸信介

大蔵省の星野と並ぶ商工省の大物官僚といえば岸信介であろう。一九三二(昭和七)年以降部下を満洲に送り出した岸も一九三六(昭和一一)年一〇月には商工省を辞して一一月には満洲国実業部次長として渡満したのである。折から具体化され始めた「満洲産業開発五カ年計画」の実施の際の最高責任者として彼が必要とされたためだといわれる。渡満直後、関東軍参謀長の板垣征四郎と会見した岸は、「産業経済は君にまかせる」という一札を彼から取りつけ現場に臨んだといわれる(『岸信介の回想』)。星野の前任者の総務長官大達茂雄が関東軍と衝突して任期中途で辞任したように、日本から派遣された官吏が関東軍参謀と対立、衝突する事件が頻発していた状況では、こうした参謀長からの一札は、官僚主導で満洲産業開発五カ年計画を推進するには必要な措置だったといえよう。前述したように満洲産業開発五カ年計画は一九三七(昭和一二)年以降一九四一(昭和一六)年までの五年間に二六億円の巨額の資金を投入、うち半分は鉱工業部門に投下し、もって満洲を一大鉄鋼生産基地に転換させようというものであった。当時の日本の予算が約一六億円だったことを考えるとその規模の大きさが理解できよう。岸は、実業部次長として、一九三七（昭和一二）年に産業部に改組されると産業部長として、この巨大なプロジェクトの責任者に就任して、椎名悦三郎らの部下を督励してその実施にあたったのである。

商工省工務局長の頃の岸信介
（1936 年撮影、毎日新聞社）

椎名悦三郎

岸の一歳年下に椎名悦三郎がいる。一九二三（大正一二）年東京帝国大学法学部卒業後農商務省に入省。満鉄の初代総裁の後藤新平は彼の叔父にあたる。農商務省が農林省と商工省に分離されると商工省に所属し、岸の部下として商工行政にあたった。また彼は、戦後も政界のなかにあって、自民党の長老として田中角栄総理辞任後の一九七四(昭和四九)年一二月に三木武夫政権を誕生させる「椎名裁定」を下したことで広く知られている。話を戦前に戻すと一九三三(昭和八)年渡満している。「満洲赴任の正式のすすめは、岸信介氏からあった」(『私の履歴書41』)というから、岸の直々の推薦だった。満洲国の統制科長、産業部鉱工司長を歴任し、岸が渡満すると彼を支えて満洲産業開発五カ年計画の実施に深くかかわる。産業開発五カ年計画は、「鉄鋼五カ年計画」と別称されたように、鉄鋼関連の比重が著しく高かった。したがって、鉄鋼関連部局が大きな権限を有していたことはいうまでもない。椎名が分担した鉱工業部局は、大きな権限をもって経済統制を推進していくこととなる。岸もまた、それ故に椎名を産業部鉱工司長のポストにつけたといえよう。

古海忠之

星野や岸に続く「大蔵組」の代表が古海忠之であろう。一九二四(大正一三)年東京帝国大学法学部卒業後、大蔵省へ入省している。宇都宮税務所長を振り出しに税務畑を歴任、一九三二(昭和七)年大蔵省営繕管財局事務官を最後に渡満。満洲国国務院総務庁理事官・総務庁主計処総務科長、会計科長に就任。一九三四(昭和九)年人事処長、一九三五(昭和一〇)年主計処長。

一九三七（昭和一二）年に満洲国協和会指導部長に就任。協和会の指導方針をめぐり、日中戦争拡大派との抗争に敗れ参謀本部作戦部長を辞任し関東軍参謀副長となって満洲に戻った石原莞爾と鋭く対立した。満洲国協和会を官僚統治機構の一翼に位置づけた関東軍参謀長の東條英機や古海と民族協和組織と位置づけた石原との抗争だった。石原は、この抗争に敗れ一九三八（昭和一三）年に舞鶴要塞司令官に転じ、一九三九（昭和一四）年第一六師団長を最後に現役を引退している。他方古海は、一九四〇（昭和一五）年経済部次長、一九四一（昭和一六）年岸信介の後任として総務庁次長に就任、武部六蔵総務庁長官の下で満洲国経済統制の責任者として活動した。（古海忠之『忘れ得ぬ満洲国』）。

毛里英於兎・美濃部洋次

毛里英於兎《もうりひでおと》も商工省では岸の後輩で、一九二三（大正一二）年東京帝国大学法学部卒後に商工省入りをしている。一九三二（昭和七）年に岸に先行して満洲国入りを果たし、満洲国の統制経済作りに大きな役割を演じた。一九三七（昭和一二）年に本省に戻り、企画院入りをして日本国内の戦時統制に尽力した。

美濃部洋次は一九二六（大正一五）年東京帝国大学法学部卒業後、商工省へ入省している。特許局、貿易局を経て一九三三(昭和八)年に渡満。「満洲産業開発五カ年計画」の実施に重要な役割を演じた。一九四〇(昭和一五)年に帰国し、一九四一(昭和一六)年に企画院に出向、資本と経営の分離を目指す「経済新体制」の構築を推進した。一九四三(昭和一八)年には商工省機械局長に就任し、軍需会社法を推進した。

満洲国「軍財工」三者連合の形成

満洲で生じた新しい動きは、各省庁間を超えた官僚間の緊密な連携が形成されていったということだろう。星野は大蔵省の出身、岸は商工省の出身である。本来なら同一箇所で作業をするということは稀である。ところが、満洲という出先機関に来れば、各省庁の壁を破って仕事をせざるを得ない。満洲国政府は、各省庁の出先機関というにはあまりに大き過ぎる組織体で、一個の独立した組織体である。その意味では、ここに新しい官僚組織軍が形成され始めていたのである。そこに関東軍という軍事官僚組織が入り込むわけで、全体としてみれば、満洲の「軍財工」三者連合が形成されたのである。

満洲国官僚集団のトップに位置したのが関東軍参謀長の東條英機であり、満洲国国務院総務長官の星野直樹、同国務院総務庁次長の岸信介であった。この三名に満鉄総裁の松岡洋右、日産コンツェルンの総帥で、満洲重工業開発株式会社の総裁だった鮎川義介が加わり、「満洲三者連合」が形成された。彼ら五人を頂点にその下に富士山の裾野のごとき広がりをもったピラミッド人脈集団が形成されていったのである。

日中戦争の全面化と五カ年計画の変更

満洲産業開発五カ年計画が実施に移されたのは一九三七（昭和一二）年のことである。しかし、計画着手直後の一九三七年七月に日中戦争が勃発し、戦火はたちまち中国全土へと拡大していった。一九三七年八月には上海へ、さらに翌一九三八（昭和一三）年五月には徐州へ、八月には武漢へと戦火が広がり、泥沼化するなかで日中全面戦争へと拡大していった。この結果すでに実施されていた計画は中途で大幅な変更を余儀なくされた。なかでも生産力拡充計画はもっとも大きな変更を受けたといえよう。先の「昭和一二年度以降五年間歳入及歳出計画」の一部が分離され満洲で「満洲産業開発五カ年計画」として実現されていったことは前述したが、日本側も石原らの努力で既成財閥を巻き込む形で一九三六（昭和一一）年一二月の「帝国軍需工業拡充計画」、一九三七（昭和一二）年五月の「日満軍需工業拡充計画」へと発展し、一九三七年七月二〇日には日本、朝鮮、満洲の政財界代表を集めた中央経済会議が招集されるにいたったのである（椎名悦三郎『戦時経済と物資調整』）。

しかしここまでであった。日中戦争の長期化のなかで、一〇年間の平和を前提に国力の増強を目指した石原らの生産力拡充計画は忽然として政治の中心舞台から消え去り、これに代わって戦時における物資調達が重要課題として現れたのである。日中戦争の長期化のなかで計画は大幅に修正された。一九三七（昭和一二）年発足した「満洲産業開発五カ年計画」は一九三七年後半以降手直しが行われ、一九三八（昭和一三）年二月の関東軍参謀部第四課「満洲産業開発五カ年計画第二年度以降対策に関する意見」から同年五月の満洲国政府「産業開発五カ年計画修正鉱工業部門計画要領」まで、おもに日本国内鉄鋼業の半製品供給を主眼にした計画変更が図られ、一九三八年以降事実上「修正五カ年計画」が実施された。日本本国でも、日中戦争以降「臨時資金調整法」と「輸出入品等措置法」が制定され、一九三七年一〇月には戦時における物資の供給・分配を計画するため、資源局と企画庁を合体して企画院が新設された。この企画院が中心となって一九三八年以降物資動員計画が立案実施されていった。こうして、日本の戦争経済は、日中戦争の拡大により、当初予定していた生産力拡充計画を一時中断し、とりあえず日中戦争に対応すべく強力な官僚指導の下、戦時物資の調達と分配を中心とした物資動員計画が具体化されたのである。

四　満洲国官僚集団の日本帰還

物資動員計画の破綻

一九三八（昭和一三）年から一九三九（昭和一四）年にかけて日本の統制経済が強化された。一九三八年一月「昭和十三年度物動計画」という名で始まった物資動員計画も、日中戦争の拡大のなかで出発当初からつまずき改訂を余儀なくされ、それを突破するため同年六月以降一段と統制が強化されたのである（中村隆英・原朗編『現代史資料四三』、山崎志郎『戦時経済総動員体制の研究』）。おりからアメリカの不況で輸出が伸びず、逆に一九三八年五月の徐州作戦を契機に軍需物資の輸入激増が続くなかで同年六月の閣議は「輸出の減退その他の事由による国際収支の不均衡甚だしくさきに策定せる昭和十三年物資動員計画の実現は極めて困難」であるとした上で、「頭初の需給計画に根本的な修正を加える」ことを確認した。その際日中戦争の「作戦の進捗に伴う軍需は到底頭初の需要額を以てしては動員能力に対する装備補給を全うする能わずして却って増加を要するの実情」にあるので「国内需要に対し極端なる抑制を加えるとともに増加重要に対しても極力その減少に努める」方針を決定し、それを実現すべく「必要を生ずれば国家総動員法中の一部条項をも発動」することもあえて辞さずとしていた（「国家総動員上緊急を要する諸政策の徹底強行に関する件」一九三八年六月二三日閣議決定）。

日本国内も満洲なみの統制実施

一九三八（昭和一三）年四月に「国家総動員法」が第七十三帝国議会を通過したが、その際同法はその影響する範囲が広いため、ただちに適応することはしない、日中戦争には適応しないと総理の近衛文麿は議会で声明した（『第七十三帝国議会衆議院委員会議事録〈国家総動員法案委員会議録〉』）。それにもかかわらず、二カ月後の六月の閣議は、その活動を考慮して物動計画の改定に着手したのである。一九三八年六月当初案を二割ほど圧縮した改訂物動計画が立案されると同時に、閣議は「軍需品生産上必要なる労務対策要綱」を決定、七月には産業報国連盟を発足させ、労使協調から労使一体で切り抜ける体制を作りだし、八月には「学校卒業者使用制限令」を公布して「国家総動員法」を発動させたのである。こうして、日中戦争勃発直後に制定された「輸出入品等臨時措置法」、「臨時資金調整法」に新たに「国家総動員法」が加わる形で戦時三法が整備され、統制に猛威をふるうこととなる。日本国内で産業統制が強化されるなか、すでに満洲でその経験を積んでいた官僚たちが続々と日本本国へと戻されることとなる。

満洲国官僚集団の帰国

一〇五頁の図表5、6を参照願いたい。すでに一九三六(昭和一一)年頃からぽつぽつ大蔵、商工官僚の帰国は始まっていたが、それは一九三九(昭和一四)年にピークを迎える。大蔵官僚では、星野直樹〈一九四〇年帰国〉を筆頭に、阪田・杉村〈一九三七年〉、毛里〈一九三八年〉、平田・原〈一九三九年〉、松崎〈一九四〇年〉が、商工官僚では、岸信介〈一九三九年〉を頂点に、楢原・山本〈一九三六年〉、美濃部・松岡・津田〈一九三七年〉、蓼〈一九三八年〉、椎名・始関・高橋〈一九三九年〉、神田〈一九四〇年〉と続々帰国した。満洲国設立に関連して派遣された高級官僚は、大蔵・商工合計してその半数近くが一九四〇年代初頭までに日本に舞い戻ったのである。

では、彼らは帰国後にどんな役職に就いたのか。本書とかかわりあいが深い商工省に焦点を絞りながら美濃部洋次、神田暹、椎名悦三郎の三人に光をあててみよう。

岸の帰国に先行して日本に帰っていた美濃部洋次―東京都知事だった美濃部亮吉のいとこ―は、商工省工務課長〈一九三七年一月〉→同工政課長・工務課長〈一九三七年七月〉→同繊維局総務課長〈一九三九年六月〉などを歴任、岸が帰国した一九三九年一〇月以降は物価局総務課長〈一九三九年一二月〉→同統制課長・企画院（兼）を経て、一九四一（昭和一六）年一一月には総務局総務課長に就任している。美濃部より一年先輩の神田暹は、一九四〇（昭和一五）年七月に満洲から帰国すると商工省振興部〈一九四〇年七月〉を振り出しに、総務局総務課長、同生産拡充課長〈一九四〇年八月〉→企画院事務官〈一九四〇年九月〉→同総務局経理統制課長などを歴任して一九四一（昭和一六）年一〇月には総務局総務課長に就任している。

いずれも満洲帰国後に各主要部局を経験し、岸が一九四一（昭和一六）年一〇月東條内閣の下で商工大臣に就任する時期を前後してそれぞれ美濃部洋次総務課長、神田暹総務部長、椎名悦三郎商工次官のラインを確立、そこに岸が乗ったのである。満洲組の頂点に立った岸は、この時期同じ商工省の後輩の植村甲午郎とあいまみえることとなる。商工省から資源局〈一九二七年〉を経て一九三七（昭和一二）年に企画院調査部長、一九四〇（昭和一五）年一月企画院次長として物動計画の要の位置にいた植村は、帰国直後の商工次官だった岸とあいまみえ緊密な関係を持つのである。戦後、岸は経団連副会長となった植村とコンビを組んで日本の高度成長政策を追い進めることになるであろうことは、この時期、神ならぬ身、知る由もなかった。

図表５　満洲国官僚の帰国者〈大蔵官僚〉

	1933 年	1935 年	1937 年	1938 年	1939 年	1940 年
企画院総裁						1
対満事務局						1
大蔵省為替局			1		1	
〃　造幣局			1			
〃　資金局				1	1	
〃大臣官房					1	
〃税務事務官	1	1				
合　計	1	1	2	1	3	2
備　考 〔満洲国での役職〕 ↓ 〔大蔵省での役職〕	松崎繁司 〔関東庁事務官〕 ↓ 〔税務事務官〕	小宮　陽 〔関東庁事務官〕 ↓ 〔税務事務官〕	阪田純雄 〔総務庁参事官〕 ↓ 〔為替局〕 杉村　正 〔司政・財務課長〕 ↓ 〔造幣局〕	毛利英於菟 〔支那駐屯軍〕 ↓ 〔預金部資金局〕	平田丈松 〔経済部・参事官〕 ↓ 〔為替局〕 原　久一郎 〔専売総局〕 ↓ 〔資金局〕 井上義海 〔関東府〕 ↓ 〔大蔵事務官〕	星野直樹 〔総務長官〕 ↓ 〔企画院総裁〕 松崎健吉 〔総務庁参事官〕 ↓ 〔対満事務局〕

図表６　満洲国官僚の帰国者〈商工官僚〉

	1935 年	1936 年	1937 年	1938 年	1939 年	1940 年
商工次長					1	
商工省部長					1	
〃　貿易局	1					
〃　工務局		2	1			
〃　特許局		1	1	1		
〃　物価局					1	
〃　燃料局			1	1	1	
〃　振興局						1
合　計	1	3	3	2	4	1
備　考 〔満洲国での役職〕 ↓ 〔大蔵省での役職〕	菱沼　勇 〔関東軍特務部〕 ↓ 〔貿易局〕	楢原　勉 〔臨時産業調査局〕 ↓ 〔保険局、工務局〕 山本　茂 〔総務・文書課長〕 ↓ 〔特許局〕 酒井　弘 〔関東軍司令部〕 ↓ 〔工務局〕	美濃部洋次 〔実業部総務司〕 ↓ 〔工務局・工務課長〕 松岡猛雄 〔産業部鉱務科長〕 ↓ 〔特許局〕 津田　廣 〔産業部工務科長〕 ↓ 〔燃料局油政課長〕	蕚　優美 〔特許発明局〕 ↓ 〔特許局〕 酒井喜四 〔関東軍司令部〕 ↓ 〔燃料局〕	岸　信介 〔総務庁次長〕 ↓ 〔商工次長〕 椎名悦三郎 〔産業部鉱工次長〕 ↓ 〔臨時物資調整局・部長〕 始関伊平 〔文書科長〕 ↓ 〔物価局課長〕 高橋　哲 〔経済部商事科長〕 ↓ 〔燃料局課長〕	神田　暹 〔総務庁〕 ↓ 〔振興部〕

出典：図表 5,6 ともに , 大蔵省百年史編集室『大蔵省人名録』（1973 年）、戦前期官僚制研究会編・秦郁彦著『戦前期日本官僚制の制度・組織・人事』（東京大学出版会、1981 年）

日本での統制経済の推進と満洲国帰還官僚

岸は、満洲から帰国した一九三九(昭和一四)年一〇月以降一九四〇(昭和一五)年にかけて、阿部、米内、近衛内閣の下で商工次官を務め、この間一九四〇年七月に満洲から帰国し企画院総裁に就任した星野直樹らと一体になって統制経済体制構築に全力をあげた。宮崎が構想した金融・貿易・労務の統制アイデアが、革新官僚の手で次々と政策化されるなかで、「資本と経営の分離」も政策化される。この「資本と経営の分離」は、金融・貿易・労務同様、満鉄調査部員の宮崎正義が既に一九三二(昭和七)年六月に『満洲経済統制策』で提示したアイデアであった。これをもう一歩進めた人物は笠信太郎であった。笠は、東京商大卒業後大原社会問題研究所を経て朝日新聞社へ入社、論説委員で近衛のブレーンをも務めた。彼は一九三九(昭和一四)年に『日本経済の再編成』を著し、そのなかで、経理の公開、利潤の上限設定、配当の制限、「事業経営の専門家」の必要性などを盛り込んだ「資本と経営の分離」の必要性を大胆に提唱した。この宮崎が提唱し笠により理論化されたこの提言は、おりから企画院のなかで近衛新体制関連の立案を担当していた秋永月三陸軍大佐や美濃部洋次、毛里英於兎、迫水《さこみず》久常らの手で政策化された。当時秋永は関東軍参謀から転じて企画院調査官、美濃部も満洲から帰国して商工省総務課長、毛里も同じく満洲国から帰国後でこの時期は興亜院経済部第一課長、迫水は大蔵省書記官だった。彼らは一九四〇（昭和一五）年一〇月「資本と経営の分離」を盛り込んだ「経済新体制確立要綱案」を提示した（中村隆英・原朗「『経済新体制』」、日本政治学会編『「近衛新体制」の研究』）。この案をトップにあって指導したのが岸信介だったが、これに対して財界は反発を強めた。特に自由主義経済の信奉者だった近衛内閣の商工大臣の小林一三がこれに強く反発した。小林は、慶応義塾大学卒業後に三井銀行に入社。その後阪急電鉄の前身の箕面有馬鉄道の創立に参加、鉄道と住宅建設を結びつけるアイデア商法で、田舎鉄道を関西の大鉄道会社へと育て上げた。彼の経営理念はレッセフェール（自由放任）であり、経済統制派の岸らとは肌合いが合わなかった。小林は、企画院案が出た一九四〇年の九月から一〇月にかけて、対日禁輸措置が強まるなかで、蘭印からの石油輸入交渉のための蘭印会商の特使としてジャワのバタビア（現ジャカルタ）に赴いており、事の次第を知ったのは帰国した一一月初めのことだった。この企画院案を「アカ（共産主義）の案」として小林は驚愕し、激怒、修正を求めると同時に、責任者の岸に辞任を迫った。「大臣と次官が喧嘩したら、次官が辞めるのが筋」という近衛の判断で、岸は辞任に追い込まれる。「小林の出身母体である関西財界は、当時の中央の統制経済を極度にきらい、自由経済を標榜する声が圧倒的」で岸を辞任させて正月休みで関西に帰った小林を財界関係者は「よくぞやった」と称賛したという（『記録椎名悦三郎』上）。しかし三カ月後に岸たちは逆襲に転じて、軍機密漏洩容疑で、今度は小林を辞任に追い込んだ。こんななかで一九四一(昭和一六)年春には「企画院事件」が発生した。「企画院はアカだ」という疑いをもたれて、正木千冬、佐多忠隆、稲葉秀三、和田博雄、勝間田清一らの面々が逮捕されたのである。小林らの財界の面々や平沼騏一郎らの右翼団体国本社による革新官僚攻撃が底流にあったことは間違いない。小林が辞任した後、豊田貞次郎、左近司政三に次いで一九四一年一〇月の東條内閣で商工大臣の座に就いたのは岸信介だった。

アジア太平洋戦争の推移

一九四一(昭和一六)年一二月八日アジア太平洋戦争が勃発した。奇襲により一九四二(昭和一七)年の全般までに東南アジア全域を占領し、ここから英米仏蘭の欧米勢力を駆逐することに成功した。

しかし、緒戦のつかの間の勝利のなかでも戦争経済遂行の困難さが表面化してきていた。まだ日本軍が南方戦線で破竹の進撃をしていた一九四二年三月に岸は、地方長官会議で講演し、経済新体制、物動計画、生産力拡充計画、貿易政策、物価政策にふれたなかで、太平洋全域への軍事行動の拡大が、軍需部門への資材の優先的配当をやむなくさせ、国民の日常生活品を生産する民需部門を圧縮せざるを得なくなったことを強調したのである(『岸信介の回想』)。しかも一九四二年六月のミッドウェー海戦での日本海軍の大敗、八月の米軍のガタルカナル島への上陸により、緒戦の勝利の夢は打ち破られ、米軍の本格的反攻のなかで、民需への圧迫は激しさをまし、米軍の輸送船舶攻撃と輸送ルートの切断は、船舶事情を悪化させ、開戦以降、「大東亜共栄圏」内の船舶輸送量をベースに立案されていたこの時期の物動計画の根本を揺さぶり始めたのである。「昭和十七年度物動計画」と並行して一九四一（昭和一六）年で終了した第一次の「生産力拡充四カ年計画」の後を受けて、この年から一九四六（昭和二一）年を最終年度とする「第二次生産力拡充四カ年計画」が立案されたが、その重点目標に船舶増産があげられていた（小林英夫『増補版「大東亜共栄圏」の形成と崩壊』、山崎志郎『戦時経済総動員体制の研究』）。またこの時期から南方地域と日本の輸送路を確保するため大陸陸上鉄道を活用する「陸送転移」も推し進められた。しかし米軍の攻撃が急を告げる一九四三（昭和一八）年以降になると「大東亜共栄圏」内の輸送連携が断ち切られ、内的連携のない地域別経済圏に分断されていった。日本軍は、一九四三年五月には「南方甲地区経済対策要綱」を決定し、「現地自活の強化」「現地民生の維持」を方針に、占領地区の自活方針の強化をうたわざるを得なくなった。

岸信介商工大臣と軍需生産体制

商工大臣に就任した岸が手掛けたことは、戦時生産力の増強であり、そのための生産システムの確立だった。そのポイントは「資本と経営の分離」の推進だった。岸が商工大臣に就任する以前の一九四〇（昭和一五）年一二月の閣議で決定された「経済新体制確立要綱」を受けて「資本と経営の分離」は着手されていたが、経済統制を求める革新官僚と自主的統制を求める財界の間で対立が続いていた。両者の妥協の産物として、「国家総動員法」による勅令によって業種ごとに統制団体を作り、その業界団体の長に権限を与え生産増強に向けた自主的統制を図ることとなった。統制団体は、形としては民間人による自主的統制であるが、実質的には政府監督下の下部機構として組織された。これとても小林が商工大臣を辞任する一九四一（昭和一六）年四月までは遅々として進まなかったが、豊田貞次郎が後を継ぐと急速に具体化され、一九四一年六月には「重要産業統制令」として具体化された。岸の下でそれは一層推し進められた。岸は就任直後に「重要産業統制令」に基づき「重要産業指定規則」を公布し、一九四一年一一月から一九四二（昭和一七）年一月までに鉄鋼・石炭・鉱山・セメント・電気機械・産業機械・精密機械・自動車・車両・金属鉱業・貿易・造船の一二の業種で統制会が作られ、さらに追加指定によって一九四二年五月から一九四三（昭和一八）年一月までに綿スフ・絹人絹・羊毛・麻・化学工業・軽金属・油脂・皮革・ゴム・鉄道軌道の一〇業種に統制会が結成された。

主要業種を網羅した統制会は、それぞれの業種ごとに生産・配給・資材・労務などのあらゆる面で政府の統制下におかれ、国が要求する増産にまい進することとなった。もっとも実際には兵器産業がこの統制の枠外に置かれたことや、官庁からの権限移譲がスムーズに進まなかったこともあって、期待した成果をあげることはできなかった（柴孝夫・岡崎哲二編『制度転換期の企業と市場』）。しかし、この統制会の結成によって、企業は国家の統制をより強く受けることとなり、以前と比較して企業家との結びつきは弱まり、「資本と経営の分離」は進行することとなった。

軍需省の設立

一九四三（昭和一八）年以降米軍の反攻は激しさを加え、ニューギニアから太平洋諸島にまで及び始め、同年九月に決定された「今後取るべき戦争指導大綱」が「絶対確保すべき要域」と定めた千島、小笠原、内南洋及び西部ニューギニア、スンダ、ビルマにまで米英軍の攻撃が及び始めた。東條内閣は、一層の軍備強化のため、一九四三年一一月軍需省制に従い、これまであった企画院と商工省を合体して軍需省を設立、これと関連して第八十三臨時議会で軍需会社法を制定し、一九四三年一〇月にこれを公布したからである。軍需省には総動員・機械・鉄鋼・軽金属・非鉄金属・化学・燃料・電力の部局が設置され、航空機の増産を目的に国家総動員・原料の調達・生産管理・労務統制・経理統制を所管した。また新たに制定された軍需会社法は、企業の国家責任を明示するとともに、社長を生産責任者として彼に軍需増産の全責任を負わせ従業員は彼の指揮命令に従うこととし、それに違反した場合には罰則規定が設けられていた。軍需会社に指定された企業は、おもに兵器・航空機・船舶などに集中していたが、その数は一九四四(昭和一九)年一月の第一次指定で一五〇社、同年四月の第二次指定で四二四社、一九四五(昭和二〇)年三月で総計六七八社に及んだ。この法律の結果、これまで統制会を通じて行われていた政府の企業への統制は、直接企業に及ぶこととなった。さらに、これと関連して一九四四(昭和一九)年一月には軍需融資指定金融機関制度が作られ、軍需会社は特定の金融機関から常に融資を受けることが可能となり、戦後形成されるメインバンク制に道を開くこととなった。この結果、「資本と経営の分離」は一層進行したのである。この過程で東條英機の独裁体制は一層進行した。当時商工大臣だった岸は、軍需省設立に伴い、東條英機が首相と軍需相を兼任したため、大臣を辞任し国務大臣兼軍需次官となる変則人事が実施されたのである。岸の部下だった椎名悦三郎も軍需省設立に伴い商工次官を辞任し、軍需省陸軍司政長官兼総動員局長として岸を支えることとなる。

日本経済の破綻と敗戦

では、軍需省の設立と軍需会社法により、軍需生産の停滞は緩和され、生産増強は可能だったのか。生産力拡充計画の目標と実績を見ておこう。一九三八（昭和一三）年から一九四一（昭和一六）年までの「生産力拡充四カ年計画」の場合には（一一五頁、図表7参照）鉄鉱石、石炭を中心に植民地、とりわけ満洲を中心に生産が上昇していることがわかるであろう。満洲での重工業化の実績を手土産に、岸が古巣の商工省に戻るのは一九三九（昭和一四）年一〇月のことであった。では、一九四二（昭和一七）年以降の「第二次生産力拡充四カ年計画」の場合にはどうであったか（一一五頁、図表8参照）。一九四三（昭和一八）年以降は主要軍需部門がのきなみその生産を減じ、拡充どころか縮小の方向をたどったのである。軍需省が新設されたといっても、商工省、企画院がそれぞれ軍需省の第一部、第二部に衣替えしただけに過ぎず、軍需会社法も、社長が生産責任者に名称変更されたに過ぎなかった。もっとも、社長が生産責任者と名称変更されたことにより、従業員に対して従来の社長以上の権限が彼に与えられたことはいうまでもない。

このように一九四一（昭和一六）年以降各種統制会の組織化に始まり、軍需会社法の制定に行き着く過程で軍需生産機構の整備は一段と進んだが、にもかかわらず、現実の輸送力不足に根本原因を持つ原料不足と生産力低下はなんら克服できず、鍋、釜、橋の欄干の供出による物資確保によって、かろうじて軍需生産を推進する状況となったのである。一九四四(昭和一九)年になると先の「今後取るべき戦争指導大綱」が定めた絶対的国防圏は、米軍によりいとも簡単に突破され、七月にはサイパン島が陥落し、日本列島が米軍機の攻撃範囲に入ると同時に、陸・海上輸送ルートはともに空襲により寸断された。こうした状況下で、敗戦は必至と見る岸と戦争継続を主張する東條の間で戦局の推移をめぐる意見が対立し、七月には東條内閣は総辞職したのである。国務大臣兼軍需次官を辞した岸は、郷里の山口に帰り、そこで一九四五(昭和二〇)年八月の敗戦を迎えることとなる。

図表７　「生産力拡充四カ年計画」の計画と実績

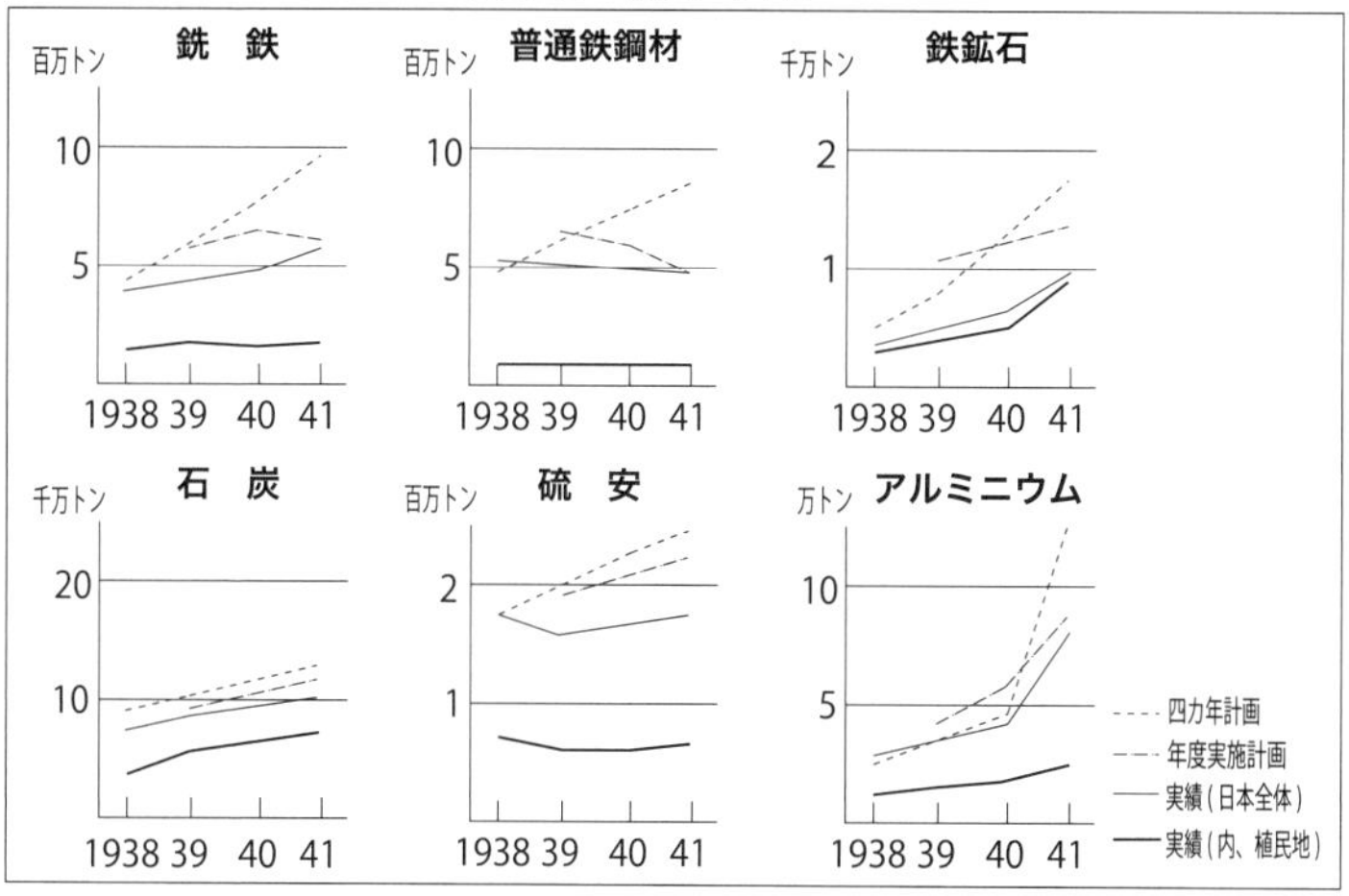

図表８　「第二次生産力拡充四カ年計画」の計画と実績

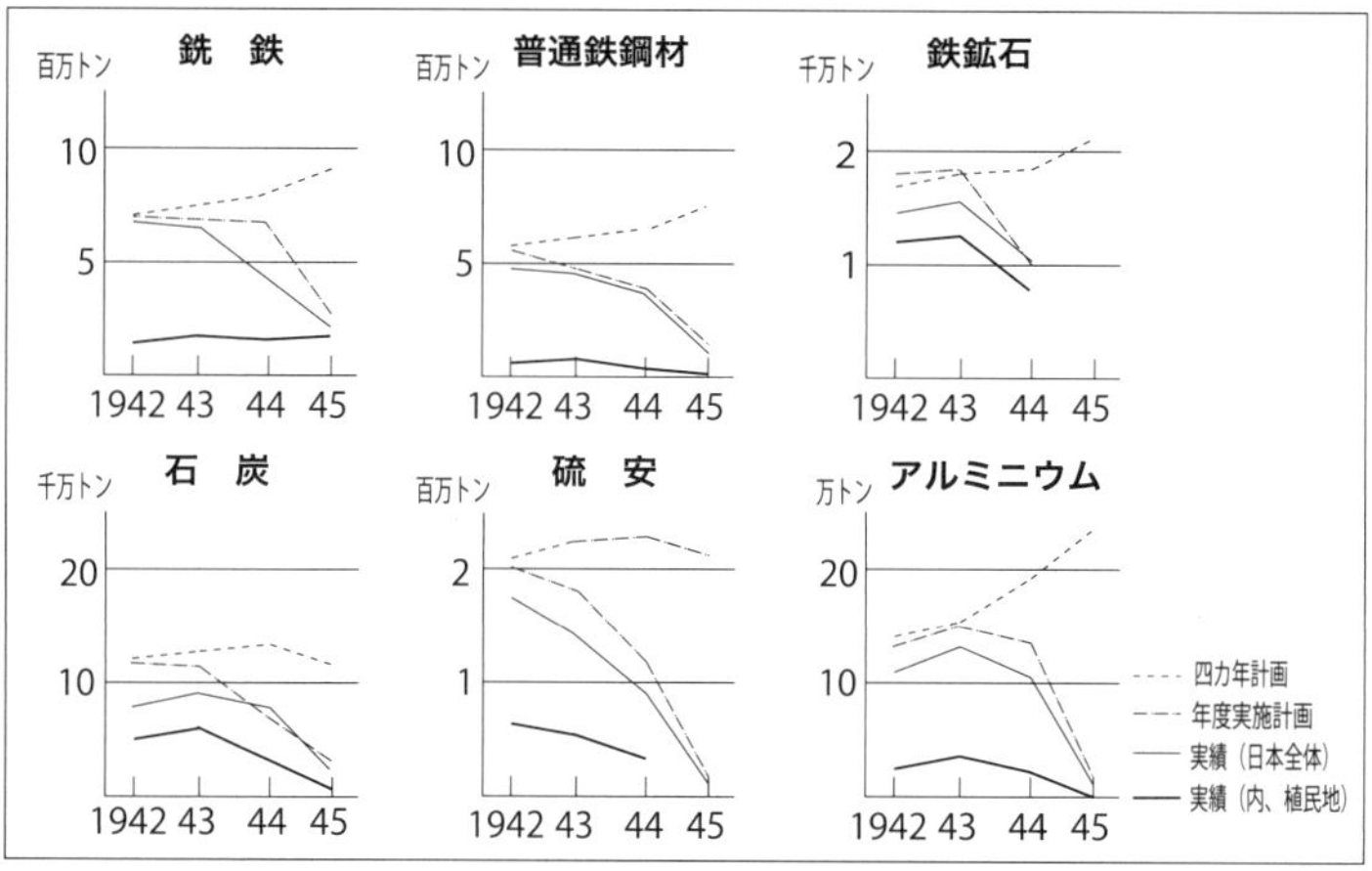

出典：図表 7,8 ともに『現代史資料』8（日中戦争１）みすず書房、財団法人国民経済研究会・金属工業調査会『生産力拡充計画ト其ノ実績』（1946 年）より作成

五　経済安定本部への結集

敗戦と戦犯・公職追放

敗戦後GHQ（連合軍総司令部）による民主化が急速に進められた。まず一九四五(昭和二〇)年一〇月の「民主化に関する五大改革」に沿って一一月には財閥解体が始まり、一二月には婦人参政権と労働組合法が公布された。一九四六(昭和二一)年になると民主改革は一層進行した。一月には天皇の人間宣言が出され、軍国主義者の公職追放が指令された。二月になると天皇の全国巡幸が始まり、四月の総選挙は女性の参政権が認められた最初の選挙だったが、三九人の婦人議員が誕生した。四月には持ち株整理委員会が財閥会社の解体を開始した。一〇月には小作地の八〇%を解放する農地改革が指令され地主の土地は一町歩（北海道は三町歩）に制限された。こんななか、GHQは一九四五(昭和二〇)年九月に早くも東條英機ら三九名の戦争犯罪人の逮捕を発表し、翌年一月にはマッカーサーの命で東京に極東国際軍事裁判所が設けられ、五月にはA級戦犯二八名が起訴され、東京市ヶ谷の旧陸軍省で開廷された。六月にキーナン首席判事は、「天皇は追訴せず」と声明、天皇の戦争責任は問わないこととした。審理は一九四八（昭和二三）年一一月まで続けられ、東條英機以下七名が絞首刑に、一六名が終身禁固で、全員が有罪判決を受けた。また被告のうち大川周明は精神障害を起こしたため免訴され、松岡洋右と永野修身は病死した。

岸信介の処遇

戦後満洲人脈のトップに位置する者たちはいずれも戦犯として逮捕されるか、公職追放の憂き目を見ることとなった。しかし、同じ戦犯のなかでも満洲人脈のなかで唯一といってよいほどの例外措置を受けた人物がいた。それは岸信介だった。岸がA級戦犯容疑で東京拘置所（巣鴨プリズン）に送られたのは一九四五（昭和二〇）年一二月のことで、東條内閣閣僚のなかでは真っ先に逮捕令が出されていた。逮捕されたA級戦犯のなかでは最年少の四九歳であった。しかし星野直樹を筆頭に名だたる満洲官僚の面々が戦犯として有罪判決を受けるなかで、三年後の一九四八（昭和二三）年一二月岸だけは無罪釈放となるのである。岸自身、巣鴨プリズンの『日記』のなかで、「只依然として不思議なるは余に対する何等の取調もなき事・・東條内閣の閣僚中余のみ特別扱を受くべき何等の理由なき事を思いて頗る不思議と云わざるべからず」（一九四六年三月六日）と記述していた。東條以下二八名が起訴されたなかに岸の名前が含まれていないことを知り、「色々の憶測行わる。既にはっきり覚悟は決めたる処なれども又欲も起り虫のよき希望の話につい耳を傾くるも人情なり」（一九四六年四月二九日）と揺れる心を日記に記していた（原彬久『岸信介』）。岸の処遇に関する隠された新事実は、元共同通信記者の春名幹男の手で発掘された極東国際軍事裁判に関する米国国立公文書館所蔵の岸尋問資料のなかに見られる。岸を尋問した二名の将校はジョージ・サカナリ中尉とG・モリウチ中尉であった。訊問書というのは裁判前の予備的審問のことである。本来なら、予備的審問は、あくまで裁判での起訴を目的とするため、検察官など司法に携わる者が行うものである。ところが、岸の尋問は例外であった。審問官の二人は将校で、しかもGHQ内のG2（情報）所属の情報将校だったのである。つまりGHQは、岸を起訴するために審問していたのではなく、情報をとるための尋問だったのである。そして、その「尋問調書」の結論には、「公式の記録から見て、岸が国家主義的・拡張主義的思想団体と関与した証拠がない」「G2は岸を容疑なしとして巣鴨プリズンから釈放すべきと勧告する」と記述されているのである（春名幹男『秘密のファイル―CIAの対日工作』下）。こうして岸は、東條英機ら七名の絞首刑が刑を執行された翌日の一九四八（昭和二三）年一二月二四日、児玉誉士夫・笹川良一らA級戦犯容疑者一八名とともに釈放された。公職追放の身は続くものの、戦犯無罪が確定したのである。

交代した政治指導者と生き残った満洲閥

こうして岸は生き残った。では、他の元満洲国官僚はどうであったのか。満洲国時代に「二キ三スケ」と称された東条英機、星野直樹、岸信介、松岡洋右、鮎川義介の面々の戦後を見ておこう。東條英機は死刑、岸信介は無罪釈放、松岡洋右は巣鴨プリズンで病死、という点は前述した。では東條と合わせて「二キ」と称された星野直樹はどうだったのか。彼もまた一九四五(昭和二〇)年一二月にA級戦犯容疑者として逮捕されている。極東国際軍事裁判が開廷するのが一九四六(昭和二一)年五月だが、そのとき彼は、東條ら他の二七名とともに起訴されている。彼は一九四八(昭和二三)年一一月に終身刑の判決を受けている。一九五五(昭和三〇)年一二月まで収監され巣鴨プリズンで刑に服していた。釈放されたときには戦後の混乱は一段落して岸らの主導の下で戦後高度成長が始まらんとしていた。また釈放されたとき星野自身、齢は六〇代も中盤に差し掛かっていた。釈放後、彼は旭海運社長や東急国際ホテル社長、ダイヤモンド社社長などに就く。が、星野の戦後は、事実上満洲人脈からは完全に外れた存在となっている。

では「三スケ」の一人、鮎川義介はどうか。彼も一九四五（昭和二〇）年一二月に準A級戦犯容疑で巣鴨プリズンに拘置されている。彼が出所したのは一年半後の一九四七（昭和二二）年八月のことだった。彼は釈放された翌月に公職追放となっているので、彼が復帰したのは一九五二（昭和二七）年四月の公職追放解除以降のことだった（小沢親光『鮎川義介伝―夢をひらく男』）。鮎川は、その後中小企業育成会を組織し、翌一九五三（昭和二八）年四月の参議院選で当選している。一九五九（昭和三四）年の参議院選に同時立候補し史上最年少の三〇歳で当選した二男の金次郎が選挙法違反容疑で辞任したことと関連し、父親の義介も参議院議員を引責辞任し、政財界から引退した。

岸以外の満洲国官僚で生き残った代表的官僚の一人が椎名悦三郎である。椎名も満洲から戻った後、敗戦のなかで一九四七（昭和二二）年に公職追放を受けるが、一九五二（昭和二七）年に公職追放解除で翌一九五三（昭和二八）年には選挙に打って出ているが落選している。岸の誘いで一九五五（昭和三〇）年の衆議院選挙で当選、第二次岸内閣のときに官房長官を務め、その後は通産大臣、外務大臣を経て一九七二（昭和四七）年には自由民主党副総裁に就任、一九七四（昭和四九）年一二月田中角栄総理の後釜に三木武夫を選ぶ「椎名裁定」を下す役割を演じた。戦後も終始岸の側近として、敗戦後は岸の戦犯無罪確定に奔走、彼の「岸信介釈放嘆願書」がGHQを動かしたといわれるし（原彬久『岸信介―権勢の政治家』）、岸が自由民主党の派閥の領袖となると、椎名は「岸派の台所奉行」「兵站担当」としてこれまた岸の豊かだと称された政治資金集めの裏部隊を担当した。彼は、岸はのみならず満洲人脈でも「幹事長的役割」を演じた。

経済安定本部と傾斜生産方式

戦後の混乱と戦時統制政策が破棄されていく一方で、ポーレー賠償案が提示されるなど厳しい賠償条件が突きつけられ始める。そんななかで、外務省の特別調査委員会のなかで復興への動きは経済安定本部（通称「安本」）の設置となって現れる（中村隆英・大森とく子編『日本経済再建の基本問題』）。それは一九四五（昭和二〇）年一二月のことで、その後総司令部との折衝を経て一九四六（昭和二一）年八月に具体化される。同年一〇月には復興金融金庫（復金）法が制定され、一二月には吉田政府は石炭・鉄鋼中心に経済復興を図る傾斜生産方式を採用している。そして翌四七（昭和二二）年一月には復金が開業し活動を開始、同年三月には金融機関資金融通準則が公布され石炭、鉄鋼といった重点産業への優先的資金融資が決められた。この間日本に厳しいポーレー賠償案が冷戦の激化とともに変化し、一九四七年のストライク調査団はポーレー案を大幅に緩和する。こんな変化のなかで、傾斜生産方式は活動を本格化させる。

重点産業の優先的復興を企図した傾斜生産方式というのは、日本経済を立て直すために消費財生産は後回しにして生産財生産部門に重点的に資金と資材を投入しようというやり方である。当時アメリカからの援助で供給された重油と無煙炭を重点的に鉄鋼業に投入し、そこで生産された鉄鋼を石炭産業に集中的に回して、さらに石炭の増産を図る。再び増産された石炭を鉄鋼業に投入する。こうした繰り返しを続けることで鉄鋼と石炭の拡大再生産を完成する。一定の段階に達したら石炭や鉄鋼を他の分野に回し、全体的な産業復興を手掛ける、という方式であった。重点を石炭と鉄鋼に置くという意味で、資金、資材のみならずそこに従事する労働者への米の配給にも優遇措置が設けられていた。一般人は一日二・五合の配給であったが、傾斜生産の対象となった炭鉱労働者は一日三合で、その家族にも三合の配給があった。

傾斜生産方式は、官主導で重点的、計画的に資材や資金や労働力を鉄鋼・石炭といった復興産業に集中するという意味では、戦時中の企画院主導で「臨時資金調整法」などを駆使した物動計画と大差はなかった。違いは戦時中は軍事産業に、戦後は復興産業にその対象が向けられたという点にあるのであって、手法そのものは同じであった。したがって、戦時中の企画院と同じ性格を持った経済安定本部がその指揮を行ったのである。

満鉄職員の経済安定本部への結集

この経済安定本部には、多くの元満鉄調査部員や元物動経験者が所属して活動した。統制経済を実施するわけだから、かつての企画院や満鉄調査部のスタッフが再結集するのは、ごく自然なことであった。この計画自体を立案したのは、第一次吉田内閣時代のブレーンで外務省官僚だった大来佐武郎《おおきたさぶろう》、後藤誉之助《よのすけ》、元企画院にあって、戦争直後に設立された国民経済研究協会の稲葉秀三と東大経済学部教授の有沢広巳、東畑《とうばた》精一、大内兵衛らであった。大来、有沢、東畑、大内らは一九四六（昭和二一）年三月に『日本経済再建の基本問題』を上梓して、戦後再建構想を表明していた。彼らの多くは経済安定本部となんらかの関連を持った（中村隆英・大森とく子編『日本経済再建の基本問題』）。彼らのうち、大来は経済安定本部調査課長に就任している。彼は、一九五一（昭和二六）年には『経済白書』の執筆責任者として「もはや戦後ではない」という名文句を残し、のち国際連合アジア極東経済委員会（ＥＣＡＦＥ）事務局を経て一九六〇（昭和三五）年には経済企画庁総合計画課長として池田内閣の下での「国民所得倍増計画」の策定にかかわっている。有沢は、労農派のマルクス主義経済学者として一九三八（昭和一三）年には人民戦線事件で大内らとともに治安維持法違反で東大を追われている。戦後彼は経済安定本部の進める傾斜生産方式の作成に深くかかわることとなる。野村総研社長、会長として同研究所を指揮した佐伯喜一もその一人である。彼は一九三六（昭和一一）年満鉄調査部に入り、翌三七(昭和一二)年には満鉄改組で満洲重工業開発株式会社(満業)調査部へ移籍し、一九四一(昭和一六)年から一九四三(昭和一八)年まで企画院に出向し、物動計画を手掛けている。そして、一九四六(昭和二一)年に日本に引揚げると商工省を経て経済安定本部入りを果たした。彼のポストは経済復興計画副室長だった。戦後、経済安定本部入りをし、佐伯の下で復興計画作業を担当し、その後大和総研名誉顧問となった宮崎勇は、当時を回想し、「(佐伯さんは)復興計画を作る部署で、現場の総括的な立場におられました。傾斜生産方式に基づいて物資動員計画を作っていくのが仕事でしたが、佐伯さんは満洲時代にも同じようなことをされていたようです。よく満業の頃のこと、満鉄調査部でのことを、我々にモデルケースとして話してくれました」(小林英夫『満州と自民党』)と述べている。一九七九(昭和五四)年の第二次大平内閣時の通産大臣佐々木義武も満鉄調査部から戦後は経済安定本部入りをし、初代経済復興計画室長として傾斜生産方式を指揮した一人である。彼はその後経済審議庁から科学技術庁を経て一九六〇(昭和三五)年に衆議院議員として三木内閣時に科学技術庁長官を歴任している。前出の宮崎勇は、佐々木に関しても次のように回顧している。「佐々木さんは、私が安本に入った際に始めて配属された動力局配炭課の課長でした。その後、経済復興室長に移られるのですが、図らずも私の就いた二人の上司は、満鉄関係者ということになります。配炭課では石炭の配給を差配する部署を担当された。傾斜生産方式の核となる部分です。満鉄調査部時代に行った調査、企画の経験を請われて、安本に来られたのだと思います。新任の私も仕事を自由にさせてもらいました。やはり〝満鉄育ち〟という雰囲気がありましたね」（同前）。このほか、戦後経済安定本部に籍を置いた人物に、下村治がいる。彼は、池田内閣時代に「国民所得倍増計画」の立案にかかわるが、終戦直後に経済安定本部で物価政策課長を経験している。

継承性とその限定

経済安定本部には、多くの経済統制政策の経験者が結集したことは前記の記述や回顧で明らかだろう。半官半民の政策研究機関の総合研究開発機構（通称ＮＩＲＡ）の理事長を務めた下河辺淳は、「戦前の満鉄調査部は、それこそシンクタンクとして多元的な役割を果たしたわけですが、そこにいたエリートたちが敗戦で日本に戻り、中央では安本に集まってきたのです」（『週刊現代』一九九二年一二月五日号）と語り、前出の宮崎勇もまた「満鉄は当時、日本で一番大きい、いわばシンクタンクであったわけですから、統制経済に関するノウハウを持っている。情報も持っているということで、そういうところの人がかなり経済安定本部に参加したということだと思いますね」と回想している。

それは、安本の初代総務長官の和田博雄や、安本の思想的バックボーンを担った調査官の稲葉秀三、そして理論的な指導者であった有沢広巳らが、安本の目指す傾斜生産方式を理解し、かじ取りできる人材を各種の研究会などを通じて探した結果だという。「それで結局、統制経済の制度を熟知していた満鉄の人が、かなり重宝されることになったんだと思いますね」と宮崎勇はいう。さらに宮崎は、佐伯喜一の経済安定本部入りに関して次のようにも証言している。「満州重工業で佐伯さんの下で働いていた人たちも一緒に安定本部に引っ張ってこられたんですよ」もっとも、「安定本部に満鉄の影響はかなり強かったと思います。けれども、全般に戦後の『復興計画』が『満鉄の人で作られた』とか『満鉄色』であったというのはいいすぎだと思いますね。ただ、確かに影響力があったことは事実ですが」(『満州と自民党』)とも語っていた。

たしかに戦後復興計画を一〇〇%、満鉄の面々が作ったというのは正確ではない。その発想の起源が満鉄調査部にあり、満洲で実施された統制経済が戦中に日本に移植され、それが戦後に継承されたというべきであろう。「影響力があった」というのは、そうした意味での話である。

ドッジラインと一時的・強権的市場化

こうした経済復興の進行は、復金融資を通じた通貨増発でインフレを促進し、日本経済を急迫し始めることとなる。冷戦対立が激化するなか、アメリカ占領下の日本は、早急に賠償を切り上げて西側陣営の一員として経済自立を推し進めた。厳しい対日賠償案を提示したポーレー賠償案が、一九四七（昭和二二）年には賠償大幅緩和を内容とするストライク調査団の賠償案に代わったことはその証左であろう。一九四八（昭和二三）年になるとその動きはさらに拍車が掛けられる。同年一〇月にはアメリカの国家安全保障会議は、「アメリカの対日政策についての勧告（ＮＳＣ13－２）」で占領政策の転換を決定、これを基に一二月ＧＨＱは、日本の経済復興と経済自立に関する「経済安定九原則」を打ち出した。「九原則」とは、財政の均衡、徴税の強化・促進、融資制限、賃金の安定、価格統制の強化、貿易・為替管理の改善、輸出の振興、重要原料などの増産、食糧供給の改善、であった。ＧＨＱはその実行を同年一〇月芦田内閣から政権を引き継いだ吉田内閣に迫ったのである。一九四九（昭和二四）年二月に日本経済を短期間に安定させる目的で、アメリカのデトロイト銀行頭取のＪ・Ｍ・ドッジが、アメリカ政府の特別公使として来日し、「経済安定九原則」を強行した。ドッジは、まずインフレ終息のために超均衡予算を編んだ。そのためには復興金融金庫融資を停止し、補助金や失業対策費の削減を実施する一方で徴税の強化を図った。この結果赤字財政は一挙に黒字財政に転換できたが、その犠牲は大きかった。情け容赦ない徴税が実施され、自殺者が続出した。歳出を抑えた結果、企業活動が停止され大量の首切りが発生し、さらには企業倒産が続出した。一九四九年五月に吉田内閣は行政機関職員定員法に基づき国鉄職員九万五〇〇〇人の人員整理を発表したため国鉄労働組合は激しい反対闘争を展開、七月に国鉄総裁下山定則が轢死体となって発見される下山事件、三鷹駅で無人電車が暴走、死傷者を出す三鷹事件、東北本線松川駅近くでレールが外され汽車が脱線、転覆する松川事件が相次いで発生し、社会不安が高まった。こうした強引ともいえる政策の結果、インフレは他に類例を見ないスピードで短期間に収束した。また補助金に依存してきた企業は一掃されて、国際競争力を持った輸出型企業が生まれる素地が作られた。さらにドッジは、対米為替レートを一ドル＝三六〇円と定めて日本をドル経済圏に包摂していったのである。これは一九七一(昭和四六)年夏のニクソンショック時まで継続して、日本の高度経済成長と輸出競争力を支える基礎となった。一九四九(昭和二四)年五月にはこれまで日本産業の育成と指導の中心組織だった商工省が廃止され、これに代わって通商産業省が設立された。第三章で再論するようにこのドッジプランの遂行によって戦時中の物資動員計画的経済システムは終焉を迎えたように見えた。しかし、この発想と政策は、岸の復権と新生通商産業省の施策のなかで装いも新たに再び姿を現すこととなる。

六　岸信介の復権

誕生当初の通産省

ドッジラインの下で誕生した通商産業省は、自由経済の陰に隠れて、その動きは鈍く目立たなかった。当初は「千三つ省」といわれたほどであった。政策は打ち上げるが、一〇〇〇の政策のうち実現できるのは三つだけ、といわれたほどだった（通産省記者クラブ編『通産省』）。通産省の構想は、占領下で白洲次郎が深くかかわったといわれている。白洲次郎は、オックスフォード大学卒。その洗練された英語を駆使して敗戦時に終戦連絡中央事務局参与となりGHQとの交渉の窓口となった。イギリス仕込みの流暢な英語を武器にGHQと交渉したことから、「柔順ならざる唯一の日本人」と称されたという。その彼が、安本次長を経て一九四八（昭和二三）年一二月に商工省内の貿易庁の初代長官となり、通産省設立に深くかかわったのである。彼は、その洗練された立ち振る舞いから評価する向きのないわけではないが、設立当初の通産省は、ドッジライン下で市場メカニズムが重視されるなかでは、それに右往左往してしまう、商工省の伝統を引き継いだ省とは思えない頼りなさであった。白洲自身も当時連合国軍が返還した最新鋭の日本製鉄広畑製鉄所をイギリス企業へ売却することを主張し、富士製鉄社長で鉄鋼業界に大きな影響力を持つ永野重雄と激しく衝突した。売却を免れた日本製鉄広畑製鉄所が、日本の高度成長の主力工場となって日本経済に寄与したことが立証されるのは、日本が高度成長に入って以降のことであった。こうした事情で、出発当初の通産省の位置はかすんでいたのである。設立から吉田内閣時代の五年半の間に稲垣平太郎、池田勇人、高瀬荘太郎、横尾龍、高橋龍太郎、池田勇人、小笠原三九郎、岡野清豪《きよひで》、愛知揆一と九代八人が大臣を歴任しているが、彼らの略歴は以下のとおりである。稲垣平太郎は横浜ゴム会長から国会議員となった人物だし、高瀬荘太郎は東京商科大学学長、経済安定本部総務長官を経験した大学人出身者だし、横尾龍は播磨造船所出身の国会議員、高橋龍太郎はビール業界から戦後は日本商工会議所会頭を務めた。小笠原三九郎は台湾銀行を振り出しに立憲政友会で活動し、戦後は進歩党の結成に参加し公職追放、後に自由党から復活当選を果たした人物、岡野清豪は三和銀行頭取から民主自由党議員を経て通産大臣に就任した人物である。最後の愛知揆一は大蔵官僚から吉田側近になった。池田勇人を除けば総理の座に就いたものは一人もいない。

しかし、日本経済が高度成長を迎え、岸が政権を取る段階に入ると通産省は、それをリードする機関として大きな権限を発揮し始めるのである。

サンフランシスコ講和条約と追放解除

一九四八（昭和二三）年五月に国務省の政策企画局長のケナンは「合衆国の対日政策に関する勧告」のなかで、アメリカのヘゲモニーによる対日講和、沖縄の基地化の国際的承認、横須賀の基地化、警察力の強化、アメリカの占領政策の基調を民主改革から経済復興へ、という五項目を掲げた。当初は、米英の間で中国の扱いや日本の警察力の強化等をめぐり微妙な違いを見せていたが、一九五〇（昭和二五）年六月朝鮮戦争が勃発すると両国は歩み寄りを見せ始め、一九五一（昭和二六）年六月にはロンドンでの米英会議で、対日無賠償を原則とする草案が完成した。

一九五一年九月八日、サンフランシスコで連合国四九カ国が調印し、日本は西側陣営の一員として国際社会に復帰することになった。この講和会議には五五カ国が招請されたが、インド・ビルマ・ユーゴは不参加、ソ連・チェコ・ポーランドは調印しなかった。当初は日本の直接的侵略を受けたアジア各国が、米英の掲げる無賠償主義に反発したため、もし賠償請求があればこれに応じなければならないという内容を第一四条に新たに付加して、調印に持ち込んだのである。

しかし沖縄は引き続き米占領下におかれ、基地群が集中するアメリカの軍事拠点と化した。沖縄が基地をそのままにして日本本土復帰を果たすのは、一九七二(昭和四七)年のことになる。

このサンフランシスコ講和条約といっしょに日米安保条約が調印された。三条より構成される短いもので、第一条では極東、日本、外部からの武力攻撃に対して日本の安全を守るために米軍が日本に駐留する、第二条では日本は他国に基地を提供しない、第三条では米軍の配置の詳細は行政協定によることを規定していた。その日米行政地位協定では、米軍施設および区域の講和後の継続使用、アメリカの軍人・軍属の裁判権問題、日米共同防衛措置問題が定められた。東西対立の激化のなか、日本はアメリカに従属する形で独立を果たしたのである。

こうした動きと関連して、戦犯の釈放や公職追放者の解除が広がっていく。一九四八(昭和二三)年一二月岸信介・児玉誉士夫・笹川良一らのA級戦犯容疑者一九名が釈放されたことは前述したが、彼らは釈放されても公職追放の身であるため自由な社会活動は禁止されていた。しかしすでに一九五〇(昭和二五)年一〇月に政府は一万九〇人の公職追放を解除し、続いて一一月には旧軍人三二五〇人の追放を解除、以降次々に解除を行っていった。岸信介を始め主だったA級戦犯容疑者が自由の身になって活動を開始するのは、サンフランシスコ講和条約が発効し、公職追放が自然解除となった一九五二(昭和二七)年四月以降のことだった。

岸の復権

追放解除となると同時に岸は日本再建連盟を結成、政治活動を再開する。彼が掲げた日本再建連盟の五大方針は、「新しい時代感覚を基準として国民に訴えるようなものを打ち出す」、「共産主義の侵略を排除し、自主外交を堅持する」、「日米経済の提携を深め、アジア諸国との通商を密にして、産業経済の興隆を期す」、「農村漁村の振興」「中小企業の育成」「勤労大衆の福利増進を図り、民生の安定を期する」、「憲法を改正し、独立国家としての体制を整備する」というもので（『岸信介の回想』）、その後の彼の政治経済外交の基本方針が盛り込まれている。賛否はともかくとして、その後の行動を見るとぶれは見られない。

岸が地元の山口から立候補したのは、対日講和条約発効により公職追放が自然解除となった翌年の一九五三（昭和二八）年四月の総選挙のときだった。彼は衆議院議員に当選した。この年の三月に彼は自由党に入党している。彼は、ここを足場に戦後の政治活動を再開するのである。

戦後政治と岸の歩み

岸が自由党の衆議院議員となった一九五三(昭和二八)年の五月に少数党内閣として出発した第五次吉田内閣は、翌五四(昭和二九)年二月には海運業者から自由党議員への不法政治献金事件が発生し危機に陥る。しかも法相犬養健が指揮権を発動、自由党幹事長佐藤栄作に対する逮捕許諾請求を阻止、法相辞任で真相を闇に葬ったことに対して吉田内閣は世論の厳しい批判を浴びた。反吉田派は、これを吉田内閣倒閣の絶好の機会到来ととらえ、大きく動き始めたのである。自由党の鳩山一郎に率いられた三木武吉や河野一郎、同じ反吉田派閥だった石橋湛山や岸信介、芦田均ら、そして改進党総裁の重光葵《まもる》らが、さまざまな思惑を込めて反吉田の共通項で活動を活発化させたのである。その中心にいたのが鳩山一郎だった。彼は、反吉田派の中心人物として自由党主流派と抗争し、石橋、岸らの反主流派を率いて改進党の重光葵らと反吉田新党準備会を立ち上げ一一月に日本民主党を結成した。総裁は鳩山一郎で、岸はその前に石橋とともに自由党を除名されるが、鳩山の民主党の旗揚げに参加し幹事長に就任した。鳩山の下に結集したのは、自由党四三人、改進党六九人、日本自由党八人の合計一二〇人。反吉田派の総結集だった。一二月に民主党は、左右社会党と共同で吉田内閣不信任案を提出した。可決の可能性は十分ありえた。ことここにいたり吉田内閣は総辞職し、吉田は党総裁を辞任し、緒方竹虎に新総裁の座を譲った。一二月一〇日、鳩山は、第二党でありながらも早期解散を条件に左右社会党の支持を得て鳩山内閣を発足させた。この間の岸の動きを見てみると、一九五三(昭和二八)年三月自由党入党後わずかに一年半の間に民主党幹事長のポストに登っていたのである。驚異的なスピード出世であった。

戦後保守体制の成立

一九五五(昭和三〇)年に日本は戦後の一つの転換点を迎えた。この年の正月に共産党は、機関誌「アカハタ」でこれまでの左翼冒険主義への自己批判を発表し、七月には第六回全国協議会を開いて議会活動を通じた改革の道を宣言した。労働組合も、一月に炭労・私鉄・電産などの民間六単産は賃上げのための総決起集会を立ち上げ、総資本と総労働の対決による「春闘」が開始された。こうした背景を受けて一〇月には、サンフランシスコ講和条約の評価をめぐり左右に対立していた社会党が合同した。

ついで一一月、鳩山一郎率いる自由党と吉田茂に代わって緒方竹虎が総裁となっていた民主党が合同して、自由民主党が結成された。当初、両者の合同はスムーズには進まなかったが、自由党の大野伴睦、民主党の三木武吉らがリードする形で合同工作が進められ、鳩山・緒方・三木・大野の四名の代行委員制による集団指導体制を取ることで妥協が成立したのだった。この間合同工作に携った岸信介は、党幹事長に選出された。

ここに「五五年体制」と呼ばれる保守・革新両党が議会で争う二大政党制が実現した。自由民主党と社会党の議員数からいうと二大政党というよりは一・五政党といったほうが実態を反映していた。自由民主党の結成は、戦後保守体制が確立したという意味で一つの画期をなし、その後半世紀にわたって自由民主党が政権の座を保持することとなった。

岸信介の総理就任

保守合同の翌一九五六(昭和三一)年一月には吉田を継いだ自由党の総裁の緒方竹虎が急死した。急性心臓衰弱だった。享年六七。未定だった初代自由民主党の総裁の座を争う鳩山一郎の最大のライバルであり、岸とも覇を争うであろう人物の死であった。弔問に訪れる政界関係者のなかに岸信介の姿があった。幡ヶ谷の火葬場で、岸は緒方の遺体が焼かれる場まで見送った。彼は棺が焼かれる様子を、扉ののぞき窓から漏れる光のなか「紅蓮の炎をただじっと」見つめていたという(「岸信介研究・権力への野望」『文藝春秋』一九七八年七月号)。一九五六年四月に実施された自由民主党総裁選挙では、緒方が立たないままに鳩山一郎が初代総裁に選出された。この年の七月今度は自由民主党の生みの親の一人であった三木武吉が心臓衰弱で死亡した。享年七一。

脳梗塞の病歴があり、車いすの生活を余儀なくされていた鳩山は、念願だった日ソ国交回復を成し遂げ日本の国連加盟の見通しをたてると、これを花道に一九五六(昭和三一)年一〇月自由民主党総裁の引退を表明した。そして来る一二月の自由民主党の党大会で鳩山の跡を継ぐ総裁選挙が行われた。後世「七票差の総裁公選」と称された出来事が起きたのはこのときである。このとき岸信介、石橋湛山、石井光次郎の三名が立候補した。第一回投票は岸二二三票、石橋一五一票、石井一三七票で岸がトップだったが、決選投票では石橋二五八票、岸二五一票で逆転、石橋が七票差で総裁に選出された。

一二月石橋内閣が誕生した。岸は副総理格で外務大臣に就任した。ところが、一カ月後の一九五七(昭和三二)年一月今度は石橋総理が病気で岸を臨時総理代理に任命し、二月には潔く辞任した。二カ月六五日の短期政権だった。二月岸内閣が誕生した。

岸信介の商工政策

総理の座に就いた岸は、満洲国での商工政策を踏まえ戦時経済を指導してきた経験を引っ提げて念願の国家グランドデザインを具体化させる。総理の座を手にした岸の構想は大要以下の通りであった。岸の究極の課題は、サンフランシスコ講和条約以降の不平等な日米関係を対等な同盟関係に変える、そのため日本の経済力を高め、アジアでの存在感を強め、日米安保条約を改定する。そして憲法を改正し、独立国家としての体制を整備する、というものだった。岸が政界に復帰した一九五二（昭和二七）年の日本再建同盟の目標とほとんど変わっておらず、その点ではブレはない。経済政策に関しては、かつての商工省の後身の通産省を中心に統制色の強い方針を打ち出していた。輸出入貿易の徹底管理、国内の産業分野での石炭、繊維分野の縮小と石油、機械工業分野の拡充を図る。これを支えたのが一九四六（昭和二一）年に発足した企業経営者の有力団体である経団連（経営者団体連合会）であった。このときの経団連の副会長は植村甲午郎であった。「私は商工省にずっといたから財界関係では大阪でも名古屋でも地方でも相当顔が売れておった」（『岸信介の回想』）と回想する岸が、なかでも「その頃の財界でもっとも親しくしていた」（同前）のが植村だったという。岸の意向をよく知る植村は政府と密接に連携して集団指導体制を作り上げていく。こうして岸の経済政策は、高度成長期の基盤を作り上げていったのである。同時に岸は、東アジア外交を積極的に展開する。就任間もない一九五七（昭和三二）年五月に東南アジア六カ国歴訪の旅に出ている。六月には訪米してアイゼンハワー大統領と会談、日米安保条約の改定交渉を開始している。そして、一一月には賠償問題解決のため東南アジア・オセアニア九カ国歴訪の旅に出ている。東南アジアの日本市場化の動きが具体化し始めたのである。

「東アジア経済圏」構想

岸は、かつての満洲に代えて東南アジアを日本の経済圏に包摂していく事を構想し、具体化していく。もともと岸は、「私のアジア諸国に対する関心は大川さんのアジア主義に結びつきますよ」（原彬久『岸信介証言録』）と回想しているように、大川周明の「大アジア主義」に深く共鳴していた。岸は、「東洋第一の素質」を有する日本はアジアの盟主たるべき位置を求めて活動すべし、と主張する点（原彬久『岸信介』）では、戦前から戦後まで一貫していた。しかし戦後の新しい動きを認識した上で日本の舵きりを実施していたのである。しかし、岸の東南アジア賠償のアイデアを具体化させるにあたっては藤崎信幸の役割を無視するわけにはいかない。藤崎は一九一〇（明治四三）年に台湾に生まれている。慶応義塾大学予科を卒業した一九三六（昭和一一）年に満洲国の官吏養成機関の大同学院に入学、卒業後は満洲国官吏を務めた後、一九四四（昭和一九）年に応召、終戦を済州島で迎えた後、一九四五（昭和二〇）年一〇月復員している。帰国後は小泉信三を介してアジア関係の研究者・実業家と広いネットワークを持ち、一九五一（昭和二六）年には「アジアへかけた夢を再びアジアへ」と呼びかけアジア問題調査会を立ち上げ、藤崎は事務局長に就任した（板垣興一編『アジアに道を求めて―藤崎信幸追想文集』）。この組織は一九五四（昭和二九）年にはこれまでのアジア関連団体を糾合してアジア協会を設立した。会長には電力業界の重鎮の松永安左エ門が就任し、事務局長には、戦前スマトラやパラオ、台湾などでゴムやカカオの農園経営にあたった岩田喜雄が就いた。そしてアジア協会は積極的に東南アジア賠償に取り組むこととなった。同組織は次に述べる東南アジア賠償交渉、とりわけビルマ、フィリピン賠償では積極的な役割を演ずることとなる。アジア協会は、一九五四年一二月ビルマ経済調査団を結成、通産大臣を歴任し、当時日本貿易会会長だった稲垣平太郎を団長に、久留島秀三郎団長代理以下九名の団員を伴って三週間の日程でビルマを訪問し、賠償の対象となるべき業種、現物労務の提供方法、合弁事業の構想などに関して現地側の意向を聴取し、実情調査を実施していた。さらに日比賠償交渉が大詰めを迎えた一九五六（昭和三一）年三月当時アジア協会会長だった藤山愛一郎がフィリピンに飛び、ロビー工作を展開し（藤山愛一郎『社長室にて』）、マグサイサイ大統領と会談、政府代表の資格で日比賠償協定交渉をまとめ上げ、四月に仮調印、五月の正式調印への地ならしをしている（藤山愛一郎『政治わが道―藤山曖一郎回想録』）。

七　戦後高度成長への継続

賠償交渉の進展

多くの連合国が賠償請求権を放棄していくなかで、希望する場合には日本はその賠償交渉に応じなければならないというサンフランシスコ講和条約第一四条に基づき日本に賠償を請求したのは、ビルマ（ミャンマー）・フィリピン・インドネシア・南ベトナムの四カ国であった。

その後の交渉を経て一九五四（昭和二九）年一一月にはビルマが最初に対日賠償協定を締結した。賠償額二億ドル、無償経済協力一・四億ドル、一〇年間にわたり資本財で支払うというものだった。ビルマが真っ先に賠償協定に調印したのは、この国の外貨事情が悪化していたからであった。朝鮮戦争中の米価の価格高騰がコメ輸出国ビルマの外貨事情を好転させたが、一九五三（昭和二八）年の休戦でブームが去るとたちまち外貨事情が悪化していたのである。

フィリピンでは一九五六（昭和三一）年五月に、マグサイサイ大統領の下で交渉が成立し、五・五億ドル、二〇年払いで協定が締結された。インドネシアでは交渉の進展を妨げていた日本の対インドネシア焦つき債権一・七億ドルの処理の問題が一九五七(昭和三二)年五月に続く一一月の岸首相の東南アジア・オセアニア九カ国訪問の際の岸・スカルノ会談で政治決着がつけられ、一九五八(昭和三三)年一月には焦つき債権の棒引きと純賠償二・二三億ドルの一二年払い、経済協力四億ドルの二〇年払いの協定が成立した。南ベトナムとの交渉も、一九五七(昭和三二)年一一月に南ベトナムに立ち寄った岸首相とゴ・ジン・ジエム大統領との会談で、賠償の解決が約束され、一九五九(昭和三四)年五月に三九〇〇万ドル、五年払いの賠償協定が成立した。

賠償は輸出の変型形態

この賠償を契機にして日本は、東南アジア貿易を急速に拡大させた。東南アジアは日本の独占市場として、一九五〇年代後半からの高度成長に大きく寄与したのである。実は、日本が実施した賠償は、輸出の変型形態だったのである。賠償は無原則に行われたのではなく、締結された協定の付属文書に掲げられた事業計画に基づきそれが実施された。しかも賠償の支払いは、現金ではなく、機械やプラント類で支払われたのであった。

こうして、日本製品の東南アジア輸出は急増していった。しかもこの輸出代替効果は単年度では終わらなかった。ビルマのように短いもので一〇年、フィリピンのように二〇年に及ぶものもあった。この間に、東南アジアはそれまでの欧米企業独占供給体制が崩されて日本の重工業製品市場へと転換していったのである。

賠償から借款へ

しかし、一九六〇年代に入ると大方の賠償プロジェクトは先細り状況となり、日本からの輸出代替機能は低下し始めた。そこで、賠償に代わって東南アジア貿易で重要な役割を演じたのが、円借款（政府間の低利の長期融資）であった。多くの場合、賠償のプロジェクトは借款に切り替えられて事業が継続されていった。

賠償から借款へと拡大するなかで、アジア事業関連諸機関が活動を活発化させた。日本輸出入銀行（日本輸出銀行の後身で一九五二年に設立。さらにここから分離して一九六一年に海外経済協力基金が設立）、海外貿易振興会（一九五四年設立。さらに一九五八年日本貿易振興会に改組）、海外建設協会（一九五五年設立）、日本プラント協会（一九五五年設立）、海外技術者研修協会（一九五九年設立）、アジア経済研究所（一九六〇年設立）などがそれである。

日韓基本条約と浦項製鉄所

一九五〇年代後半から日本企業の海外進出は東南アジアを中心に進行したが、戦前の最大の貿易相手国である中国、そして植民地支配の地であった韓国との関係修復は、早急に解決すべき課題だった。中国とは遅々として進まなかったが、韓国とは一九六〇年代に入り急速に進展した。国交正常化を目指す日韓交渉は、一九五二(昭和二七)年二月に第一次会談が持たれたものの、交渉は妥結せず、両国の経済交流は遅々として進行しなかった。日本側に過去の植民地支配に対する反省が欠如していたこと大きな障害だったが、韓国の李承晩政権も会談に消極的だった。

しかし一九六〇(昭和三五)年四月に韓国民衆の運動のなかで李承晩政権が打倒され、八月に張勉政権が発足すると日韓会談は進展を開始した。そして一九六一(昭和三六)年五月の軍事クーデターで朴正熙政権が誕生すると、その動きはいっそう強まった。最終的には金鐘泌中央情報部長と大平正芳外務大臣とのトップ会談で、無償供与三億ドル・有償援助二億ドル・資金協力一億ドル、名目は請求権と経済協力とする点で交渉が成立し、一九六五(昭和四〇)年六月、両国の共同声明が発表された。この金額は、当時の韓国の年間輸出額の数倍に該当するものであった。

当初は、これらの無償・有償資金は、一〇年分割で韓国の農漁村の近代化のために使われる予定になっていた（『請求権資金白書』）。しかし、この資金は、中途から変更されて、新生間もない浦項総合製鉄所の建設資金に充当された。当時世界銀行などが採算が合わないという理由で融資を拒否していたなかで、対日請求資金を浦項製鉄所建設工事に使用することが決定され、富士・八幡・日本鋼管が全面的にバックアップする形で建設が進められた。浦項総合製鉄所の創立時の社長だった朴泰俊は、富士製鉄の社長だった永野重雄を追悼する文章のなかで、「韓国の総合製鉄事業は同年（一九六九年―引用者）八月東京で開かれた第三次韓日閣僚会議で、日本が協力することで決着を見たが、この時も、永野社長は弊社の事業計画の妥当性を認め、積極的に協力して下さった」（『永野重雄回想録』）と述べている。ここで、彼は積極的協力の中身を語ってはいない。しかし後に彼が『新東亜』に載せた回顧録によれば、日韓基本条約で締結された五億ドルの援助は当初農業改善に使用される予定で、製鉄業に充当される予定はなかったという。この対日請求資金である有償・無償資金の四分の一近くを浦項製鉄所の建設に使用するため、彼は永野を始め鉄鋼関係者と折衝を行い、当時の大平正芳通産大臣を説得して浦項製鉄所の建設に充当するよう変更させたというのである（『新東亜』一九九二年六月号）。こうして、韓国は折からのベトナム特需と浦項製鉄所へのバックアップに象徴される賠償に名を借りた日本資金の導入のなかで、急速に工業化軌道に乗ることになる。

通産省の変貌

この間、通産省も次第に日本経済の参謀本部としての位置と役割を明確にしていく。まず通産省が実施した施策は輸出入貿易の管理であった。金融問題でも通産省は、次第に権限を発揮し始めた。戦後復興期に設立された復興金融金庫は姿を消したが、それに代わって一九五一(昭和二六)年に政府全額出資で日本開発銀行（開銀：現日本政策投資銀行）が誕生した。開銀は、産業開発、経済社会の発展を促すための長期資金を供給する公的機関であった。この開銀の融資に対して通産省は大きな権限を持ったのである。開銀がどの企業に融資を与えるかの決定に通産省は大きな権限を持っていた。さらに通産省は、行政指導や法律を通じて自由化のなかにあっても次第にかつての統制指導に近い状況を生み出していった。それは行政指導のなかに端的に表れていた。前者、行政指導の事例としては、一九五二(昭和二七)年と一九五五(昭和三〇)年の二度にわたる綿業操業短縮勧告があげられる。これは、綿紡績業がすでに設備飽和状況にあり、業界全体が大きく操業短縮し、生産調整した行政指導であった。また、後者法律を通じた統制の事例としては、一九五五年から一九五六(昭和三一)年にかけての石炭合理化法、繊維工業設備調整法、機械工業振興法などの制定があろう。それぞれ日本の重工業化を進めるにあたり、立ち遅れた機械工業分野を促進させ、石炭、繊維産業分野を調整する法律を定めたのである。総理に就任した岸は、彼の古巣の商工省の後身である通産省に着目、そこに力を及ぼし始めた。第二次岸内閣の通産大臣には、満洲人脈の実業家の高碕達之助が就任した。第一次池田内閣、第二次佐藤内閣の通産大臣は椎名悦三郎であった。一九五〇年代後半には岸・椎名の「満洲人脈」の息がかかった「椎名門下生」が次官・局長クラスを固めたのである。

エネルギーの転換と高度成長の本格化

政治的安定を確立したということは、その後の経済成長の前提条件だったといっても過言ではない。加えて一九五五(昭和三〇)年二月には日本生産性本部が作られ海外からの積極的な技術導入や合理化推進に大きな役割を演じ、エネルギーの石炭から石油への急速な転換を基底に、高度成長は本格的軌道へと乗った。一九五六(昭和三一)年経済企画庁は経済白書『日本経済の成長と近代化』を発表、技術改革による発展を強調、「もはや戦後ではない」と宣言、それが流行語となったが、いまだに戦前的体質は色濃く残っていた。

成長のエネルギー源の石炭から石油への転換は、日本の産業構造に大きな変化を与え、斜陽化した炭鉱での争議が多発化した。三井三池炭鉱は明治以来の日本を代表する炭鉱で、戦後復興でも大きな役割を演じたが、一九五九(昭和三四)年から一九六〇(昭和三五)年にかけて合理化と大量解雇で揺れ、激しい争議が展開された。同時期大規模な闘争に発展した安保反対闘争と重なって、争議は一九五九年八月から一九六〇年一一月の中労委斡旋まで一年三カ月に及んだ。この争議を契機に石炭産業は、日本の主要なエネルギーを石油に譲って衰退していくこととなった。

安保闘争とその背景

一九五五(昭和三〇)年以降の日本の経済発展と軍事力の充実を背景に、安保条約の改定が一九五八(昭和三三)年ころから岸内閣の下で進行し始めた。岸内閣は、その前提として教員の勤務評定の趣旨徹底を図り一九五八年には警察官職務執行法(警職法)改正案を国会に提出した。これに対して社会党・総評などが反対運動を展開し、警職法を審議未了とし、これを基礎に原水協などが新たに加わって一九五九(昭和三四)年三月には日米安保条約改定阻止国民会議(安保阻止国民会議)が結成された。安保阻止国民会議は、四月の第一次から一九六〇(昭和三五)年七月の第二三次まで統一行動を続けた。

一九六〇(昭和三五)年一月岸首相らが訪米、日米相互協力及び安全保障条約(新安保)・施設区域米軍の地位に関する協定・事前協議に関する交換公文などが調印され、国会審議が始まる

ハガチー氏の車がデモ隊に囲まれた「ハガチー事件」(1960 年撮影、毎日新聞社)

と、連日のように国会請願デモが繰り返された。五月一九日に警察官を国会に導入しての強行採決に対して、議会民主主義を擁護する運動が高揚した。六月一〇日アイゼンハワー大統領の訪日の打ち合わせのため来日した大統領報道官のハガチーが羽田空港で学生デモ隊に包囲され、米軍ヘリコプターで脱出する「ハガチー事件」が発生した。この事件でアイゼンハワー訪日が中止され、勢いに乗るデモ隊は六月一五日の安保改定阻止第二次実力行使には五八〇万人が参加した。六月一九日午前零時三三万人が徹夜で国会を包囲するなかで、新安保条約は自然成立した。安保改定と引き替えに七月一五日に岸内閣は総辞職した。

延べ数百万人の日本国民が、安保改定反対

運動に参加したというのは、戦後政治のなかで初めてのことだった。そして、こうした大規模な大衆の反対運動のなかで岸内閣は倒壊した。こうした大規模な運動が広がった条件として、高度成長が過渡的段階で、成長以前の階層も成長後に増加し始めた階層もともに現状に不満を持ち、その不満が岸首相の強引な非民主主義的行為で一点に結び合ったともいうことができる。その後の高度成長が一億総中間層化を生み出すと、運動自体は先鋭化して大衆から離れ、そして沈静化していくこととなる。

安保改定を果たしたのと引き替えに退陣した岸に代わった大蔵官僚出身の池田勇人が、首相に就任した。池田内閣は「所得倍増計画」を掲げて、高度成長を本格化させた。それは官僚主導で、政財官が一体となって高度成長を推し進めるものであり、「日本株式会社」とも称されたが、その原型はすでに戦前に岸信介らが満洲国の建設と工業化のなかで経験済みのことであった。

アジアのなかで先鞭を切った日本の高度成長

一九五五（昭和三〇）年の自由民主党の誕生と先進国からの技術導入機構の整備で政治的安定と強力な政治・経済指導部ができた日本は、高度経済成長政策を推進するが、それが本格的軌道に乗ったのは安保闘争後の一九六〇（昭和三五）年以降のことだった。その後、アジア各国が展開する経済成長政策の先鞭をつけたのは、日本だった。日本はアジアの経済成長をリードしたのに続き、一九八〇年代には韓国・台湾・香港・シンガポールが急成長をとげた。これらの国々は当時ＮＩＣｓ（新興工業諸国）と称された。この勢いはその後も止まらず、ＡＳＥＡＮ各国がこれに続き、一九九〇年代に入ると中国がアジアの高度成長国家へと仲間入りすることとなる。中国は、一九八九（平成元）年の民主化を求める学生たちと政府の衝突で発生した天安門事件で一時経済は低迷するが、一九九二（平成四）年の鄧小平の武漢、深圳、上海視察と改革開放の推進声明（「南巡講話」）で海外からの投資が増加し中国経済は高度成長の軌道に乗った。

日本の高度成長構想の起源

これまでの記述から明らかなように日本の高度成長の構想はその起源を満鉄調査部のなかに求めることができる。それは、戦前から戦中にかけての満洲そして日本での戦時高度成長政策が、その原型となって、それが戦後の日本に引き継がれ、戦後経済復興とその後の戦後高度成長政策の原動力となっていったのである。たしかにその計画の推進者や官僚主導の計画推進という特徴は、戦前・戦中・戦後ともに共通であったが、計画に課せられた課題は、戦前と戦後では大いに異なっていた。なぜなら、戦前は日本帝国の戦争の勝利のために推進されたのに対し、戦後は日本の「経済成長」のために行われたからである。しかし、なぜ官僚主導の高度成長政策が、戦前から戦後にかけて日本の経済政策の基軸になったかといえば、それは、日本の地政学上の位置に大きく規定されていた点がある。それは、東アジアの東辺に位置するがゆえに、戦前は社会主義ソ連と国境を接し、戦後はグローバルな東西対立の最前線に日本が位置していたことがある。したがって、社会主義との対立の最前線に位置していたがゆえに、高度成長を戦前は軍事力強化の姿として、戦後は国力繁栄の姿として、演出する必要性が生まれていたことも想起しておかなければならないことである。

では、こうした日本固有の経済成長を日本型経済システムと呼ぶとすれば、このシステムはいかなるアイデアのなかで、いかにして生まれてきたのかをより詳細に論じてみる必要があろう。次章においてはその点に絞って論ずることとしよう。

第三章　日本型経済システムとはなにか

一　日本型経済システムの原案 ―日本国家改造案―

ロシア革命が世界に与えた衝撃

日本型経済システムの原点がロシア革命にあることは前述した通りだが、日本型経済システムを理解するためには、この点は強調してし過ぎることはない。さらにいえば、その終焉ともいうべき一九九〇(平成二)年のソ連邦の解体もまた同じレベルで強調される必要がある。左様にロシア革命とその後の社会主義国家の誕生と第二次世界大戦後の冷戦の一方の旗頭への拡大が資本主義体制に与えた衝撃は強烈であった。それは日本だけではなく、世界各国が共通であったといってよい。ただ、日本の主だった政治家たちのロシア革命からその後の社会主義国家への反応は、それが世界の体制にいかなる影響を与えたかではなく、この革命と社会主義国家の誕生が、いかなる軍事的均衡の変化をもたらし、日本の極東での勢力拡張にどんなチャンスをもたらすかに集中していた点にある。シベリア干渉戦争への動きはそれを物語る。

しかし、革命勃発の初発から世界の革命を見る目は、日本のそれとは若干違っていた。ロシア革命を報じたジョン・リードの『世界をゆるがした十日間』がベストセラーとなったように、世界は、これが単なる政権交代ではなく、新たに登場したボルシェビキ政権は、資本主義体制そのものを覆す人類初の試みであることに着目していたのである。この認識を鮮明に持っていたのは第一次世界大戦を契機に急速に力をつけ、世界の覇者への道を突き進んでいたアメリカのウイルソン政権の国務長官ランシングだった。ランシングはウイルソン宛て書簡のなかで「君主専制は独裁ではありますが、有識者による独裁であり、これに対してボルシェヴィキ独裁は無知による独裁であります。前者は少なくとも秩序を重んずるのですが、後者は無秩序と無政府状態を作り出すのです」と述べて、この革命が、資本主義体制を否定するものであることを鋭く認識していた（小林英夫・佐々木隆爾「『冬の時代』からの脱却」『歴史学研究』五一五号）。当時、ウイルソン政権内にはロシア革命に穏健的対応をとるハウス＝ロビンソングループと強硬派のランシングらの国務省グループがあり、政権内で対立していたが（細谷千博『シベリア出兵の史的研究』）、シベリア出兵が具体化され始めるとランシンググループの発言権が強まり、アメリカ国内でも社会主義への取り締まりが強化され始めた。

労働争議の波

ランシングらのロシア革命認識やその対策の必要性は、第一次世界大戦末期から終結直後の世界各国での労働争議の高揚で一層強められた。一九一九(大正八)年イギリスのクライド地方を中心に高まりを見せたゼネストは、三月以降三角同盟(炭鉱夫連合・全国鉄道労働者組合・全国運輸労働者連合)による共同闘争へと発展し、政府は「非常事態宣言」を発して、これに対抗せざるを得なかったし、フランスでも一九一九～二〇(大正九)年にかけて、鉄道ゼネストを中心にした労働争議が全国的に広がった。ウイルソン政権下のアメリカでも一九一九年後半から一九二〇年初めにかけてのUSスチール争議に代表されるように、ストライキ旋風が吹き荒れた。争議の波は、一九一九年三月以降は欧州にも波及し、一九二〇年三月にはドイツでのゼネストを生み出し、九月にはイタリアで工場占拠戦術を生み出し始めていた。ときのイギリス首相ロイド・ジョージの表現を借りれば、「全ヨーロッパが革命の精神でみちあふれて」いたのである(小此木真三郎『ファシズムの誕生』)。

日本もその例外ではなかった。一九一六(大正五)年にわずか二九件に過ぎなかった労働争議件数は、一九一七(大正六)年に一六七件、一九一八(大正七)年に二四八件、一九一九(大正八)年には七八三件と急上昇を遂げた。争議は、大戦中の好況下で賃金引き上げ要求が中心だったが、ベルサイユ会議に上程された国際労働会議の開催と労働代表派遣がからみ労働組合結成が進んだ結果でもあった。人々の関心は労働争議や労働問題に集まった。一九一九年四月に創刊された雑誌の『改造』は赤字をかこっていたが、同年九月に「労働組合同盟罷業特集号」を組むや爆発的な売れ行きを示し、赤字解消・経営改善を果たし、以降『改造』の名を不動にしたように、「労働組合」「同盟罷業」は「社会問題」となっていった。

体制再編の試みの始まり

世界各国でこれに対応した体制の再編が急がれたのである。アメリカのウイルソン政権下では一九一八(大正七)年以降矢継ぎ早に「犯罪的サンディカリズム法」や「州治安維持法」などが制定され社会主義者への規制が行われたが、英仏独などの欧州各国でも事態は同様であった。日本でも徐々にではあるが、こうした新しい事態への対応が準備され始めたのである。

日本でも対応への模索が始まる。労働組合法への取組はその一つだった。当時、内務省、農商務省、司法省が労働調査を実施すると同時に、同政策研究を目的に少壮官僚が欧米に派遣され、欧米の先進事例を学んで、日本へ導入することを志したのである。そのなかには、内務省の少壮官僚だった前田多門や南原繁、農商務省の河合栄次郎などが含まれていた。

南原繁は、戦後は東京大学総長として、サンフランシスコ講和条約締結の際全面講和を主張してときの総理大臣吉田茂と対立、吉田から「曲学阿世の徒」と批判された。

河合栄次郎は東京帝国大学法科大学卒業後農商務省に入省、一九一八（大正七）年労働問題研究のためにアメリカに派遣されている。しかしＩＬＯ会議の日本政府方針案が認められず辞職、東京帝国大学経済学部助教授に就任、社会政策を担当する。

前田多門は、東京帝国大学卒業後内務省に入省している。彼の次女はソニー社長の井深大の妻である。

一九一八（大正七）年暮れから開催された第四一帝国議会では、憲政会の片岡直温《なおはる》、小山松寿《しょうじゅ》、武富時敏らが労働組合の公認、治警法第一七条の改正を求める法律案を提起し、一九一九（大正八）年二月開催された外務省、内務省、農商務省主任官協議会でも労働組合法の制定問題が論議された。結局は、「此の際新に組合法を制定する事は宜しきを得たるものにあらず、自然の発達に放任するを可なりと認む」（『日本外交文書』大正八年第三冊）となったが、新体制を探索する機運が高まったのである。また一九一九年五月には前年から渡米して労働調査に従事して帰国した河合栄次郎に対して欧米での労働運動への対応に意見を求め、内務省もまた警保局少壮官僚だった南原繁を中心に一九一九年七月調査室を設置して松村光麿、安倍源基、伊藤義文がそれぞれイギリス、ドイツ、フランスの労働法規を研究、これを基に南原は日本の労働組合法案の起草を開始したのである。結局、労働組合法案は実現を見ることなく終わるが、日本の政府や官僚、そして事業家たちは、欧米に広がる労働運動の波のなかで、それへの対応を余儀なくされる時代が到来したことを認識し始めたのである。

北一輝

新体制構築の提言をした人物の一人に北一輝がいる。北は一九一九（大正八）年八月に五四運動さなかの上海で「日本を怒り憎みて叫び狂ふ群集の大怒涛」（『北一輝著作集』第二巻）のなかで一カ月間、事実上飲まず食わずの緊張状態で一冊の参考書もひもとくことなく一気に書き上げたのが『国家改造案原理大綱』だった。北はいう。一九一九年に我が国は「有史未曾有の国難」に直面していると。なぜなら、外に第一次世界大戦、ロシア革命による世界体制の動揺があり、内には米騒動以降の労働運動の高揚があるからである。こうした国難を突破するためには、この際、「大正の天祐」を利用して「完備せる設計図」を作らなければならない。曰く一言、天皇大権を発動し国民一致団結し国家改造をなすべし。日本の過剰人口問題を処理し、あわせ、中国、インドを日本の領導下に自立させるためにもそれは必要なことである。さらに、「民族競争、国家競争」を通じてアジア連盟の旗手となり、すすんで世界連邦の指導者となり「天道を宣布」しなければならない。

では、どのようにして国家改造をなすのか。北はいう。「国民が本隊」となり「天皇が号令者」となってクーデターを実施、天皇大権の発動で三年間は憲法を停止し、戒厳令を実施し、その下で天皇が「国民の総代表」たりうる政治体制を作らなければならない。そのために戒厳令下でなされるべき第一の施策は、天皇を補佐する人材を広く国民のなかから選びうる制度（普通選挙法）を作り上げることである。第二にはこうして作られた国家改造内閣が中心となり、在郷軍人団組織を動員して強力な政治経済体制をバックアップする産業組織を作り上げなければならない。私有財産制の制限、基幹企業の国有化、労働者保護、などが実施されねばならない。植民地政策も変更されねばならない。植民地には国内と同様の行政法が施行され、地方自治と日本同様の参政権が付与されねばならない。今後取得されるべき新領土に対しても同様である。新領土とは、英露の支配の下で苦しむ中国、インド、オーストラリア、極東シベリアがそのなかに包含される（『北一輝著作集』第二巻）。

北の主張は、国難を乗り切るために国家改造し、日本を「大軍営の如き組織」（林茂編集代表『二・二六事件秘録』一）に変えるべしというものだった。北は、この『大綱』をひっさげて、反日運動渦巻く中国は上海を後に日本へ帰国した。「乱兆既に歴然であるから、直様日本に帰るよう切願」（橋川文三編『大川周明集』）し、北を上海まで迎えに行った大川周明の属する猶存《ゆうぞん》社に加盟し『大綱』実現の行動を開始したのである。一九一九（大正八）年暮れ、ときに北、三七歳の冬のことだった。

高橋亀吉

実は、このロシア革命以降の一九二〇年代の動きのなかで日本の資本主義制度の再編を提案した人物がいる。それは高橋亀吉である（小林英夫、岡崎哲二、米倉誠一郎、NHK取材班『「日本株式会社」の昭和史』）。彼の略歴を簡単に見ておこう。一八九一（明治二四）年山口県生まれ。大阪船場での丁稚奉公や商店員をしながら早稲田通信講義録で独学、一九一二（明治四五）年に早稲田大学商科予科に入学、一九一六（大正五）年本科卒業した。その後久原鉱業から東洋経済新報社に転じ無産政党運動などにかかわりあいを持ちながら代表取締役専務だった石橋湛山の下日本経済の研究、執筆に従事し、一九三二（昭和七）年に高橋経済研究所を設立し、以降筆一本でこの研究所を運営し、一貫して日本経済の分析・執筆・提言活動にまい進した。一九七七（昭和五二）年八五歳で死去するまで生涯現役で活動し、百数十冊の著作を残した（鳥羽欽一郎『生涯現役―エコノミスト高橋亀吉』、谷沢永一『高橋亀吉　エコノミストの気概』）。高橋は一九二四（大正一三）年の『経済学の実際知識』以来そのときどきの日本経済の変化を跡づけ提言してきたが、二〇年代の日本経済の抜本的改編を迫る著作としては、一九三〇（昭和五）年に万里閣書房から出版された『株式会社亡国論』がある。高橋はいう。一九二〇年代まで我が経済界は株式会社の退廃によって大きく行き詰まっている。その典型は、不正決算、蛸足配当の横行である。利益を先行投資に回すのではなく、株主配当を優先させて、究極で企業を倒産に導くような蛸足配当の如き「自殺行為」がなぜなされるのか、に関して高橋は、大きく四つの理由をあげている。一つは、重役の立場からで、己の失敗を隠し、重役賞与を貪らんとするが為、二つに株主の立場からで「目先の利益のみを図り、後は野となれ山となれ主義の株主の要求に追随する為」、三つめは対外関係からで、商取引上の信用を虚飾するため、破綻暴露隠ぺいの為（一八五－一八六頁）だとしている。そしてこれを防ぐためには、なんらかの「重役に対する罰則規定」（二三五頁）が必要だと結んでいる。

宮崎正義

ソ連の計画経済を研究していた宮崎正義も日本国家改造案を具体化していった。そのプロセスは第二章で詳述したので、ここではごく簡単に彼の国家改造案を示した「昭和一二年度以降五年間歳入計画及歳出計画、付緊急実施国策大綱」を再度触れておくこととしよう。宮崎は、その「付緊急実施国策大綱」のなかで以下のような改造案を提示した。一つは、行政機構の改革だった。「現行内閣制度を廃止し国務院を以て行政府」とする。国務院には総務庁が直属し、企画局、予算局、考査局、広報局、資源局が設置され、計画および考査を担当する。また「国務院は国務総理大臣外四名の国務大臣を以て組織」され、産業統制省、組合省、貿易省、金融省、航空省、社会省が新設され、そこの「各省長官は国務大臣の命を承け省務を掌理す」る中央集権体制を作る。新設された各省のなかで、組合省は、イタリアの共同体省からヒントを得て取り入れたものだし、航空省や社会省はナチドイツのコピーであろう。これらの新設省のうち社会省が厚生省という名称で東條内閣時代に実現したことを除けば、他は実現を見なかった。この中央集権的なシステムはまず満洲国の統治機構として実現された。そこでも総務庁が絶大な権限を持って行政の中核に位置づけられていた。二つにはこの行政機構の下で国防費を無駄なく軍事力強化のために使用するということだった。三つには、国防産業の飛躍的増産と輸出を実施することだった。特に満洲での軍事産業の拡充と地方産業の振興を前提に、兵器産業を輸出産業として育成しなければならないとした。宮崎は、強固な軍需産業を育成する秘訣は、その輸出産業化にあると考えていた。四つとして、経済の国家統制、「官（軍）民の協力」、つまり官僚と軍部、民間企業家たちは一致協力して強力な軍事経済体制を構築せねばならないということだった。具体的には、産業の重要度に応じて、産業統制を、国営形態（電力・航空機・兵器産業など）、特殊大合同形態（石油・石炭・鉄鋼・自動車・化学）、企業組合形態（政府による行政指導）に分かち、産業統制省や組合省のなかに産業部門別統制官庁を設置して助成監督を行うようにしなければならない。貿易部門や金融部門においても貿易省や金融省による貿易、資金統制が実施されなければならないとした。そして国営形態はソ連の統制経済から、合同形態をドイツのそれから、組合形態をドイツやイタリアの経験から、それぞれ取り入れたのである。五つとして国民経済の安定策が講じられねばならないことであった。具体的には、「農山漁村における減税及び負担軽減」や「医療組合の設立普及と国庫補助」による「国民経済の根幹を培う為に農山漁村の勤労住民並都市勤労大衆の生活の安定向上」が図られねばならないことであった。つまりは、社会政策的施策の実施の必要性であった。社会保障制度の充実は、ナチの経験を学んでいた。そして最後に、この課題を達成するためには、「少なくとも十年間の平和を必要」としていた。

二　日本型経済システムの形成 ―戦中から戦後―

日本型経済システムの原型

革新官僚による経済統制を通じた産業振興というアイデアは、日中戦争下で急速に進展する。一九三七（昭和一二）年九月に開催された第七二臨時議会は、日中戦争に対処し、軍事物資の調達を円滑にするため、貿易・金融の統制を目指して「臨時資金調整法」と「輸出入品等臨時措置法」を制定した。こうした政策の立案を推進したのは商工省の岸信介の上司だった吉野信次や大蔵省の賀屋《かや》興宣《おきのり》らの革新官僚たちだった。日中戦争のなかで、多数の反対を押し切っての国会通過だった。さらに一〇月には戦時における物資の供給や分配を計画するため、資源局と企画庁を合体した企画院が新設された。この企画院が中心となって一九三八（昭和一三）年以降物資動員計画が立案され、実施されていった。そして一九三八年三月には国家総動員法が、先の臨時二法同様多くの反対意見があるなかで可決された。また、これらの法律は、本国のみならず植民地だった朝鮮や台湾にも適応され、植民地を含む帝国日本の人的・物的資源動員に利用された。これらの戦時三立法によって、日本の統制経済は急速に強化された。

「臨時資金調整法」は、事業資金の運用に統制を加えるもので、金融機関が一〇万円以上の設備資金を貸しつける場合には主務大臣の許可を必要とし、逆に資本金五〇万円以上の事業主体が増資を行う場合には政府の許可を必要とするもので、実際の運用にあたっては、臨時資金調整委員会が甲・乙・丙の基準を設けて、軍需産業を中心とした甲部門に資金を優先的に配分するというものであった。これらの許認可の決定権は政府にあるが、許認可業務は日銀が行った。こうした金融統制は、一九四〇（昭和一五）年一〇月になると新たに「銀行等資金運用令」が制定されたことで、この統制は、これまでの設備資金に加えて流動資金も統制の対象とされるにいたった。この流動資金の運用の実務も日銀が行った。これはまぎれもなく政府が日銀を通じて資金の流れを直接に統制する意図を実現したものであり、宮崎のいう日銀中心の金融統制構想の具体化に他ならなかった。

「輸出入品等臨時措置法」は、輸出入貿易に統制を加えるもので、不要不急の物品の輸出入に対して統制を加え、またはそれらを原料とした製品の製造・配給・消費についても統制するというものであった。貿易・為替統制の強化は宮崎が金融統制とともに力点をおいたことであったが、この法律によって貿易統制は具体化を見たこととなる。

「国家総動員法」は、最初は陸軍省の資源局で立案されたが、後に企画院で仕上げられたもので、必要とあらば、勅令をもってすべての物資と業務を統制することができた。「国防目的達成のため国の全力を最も有効に発揮せしむるよう人的及び物的資源を統制運用する」（第一条）とうたったようにその統制の範囲は、「人的及び物的資源」全般にわたり、人間も「人的資源」と化したのである。統制の範囲は、ものの生産や配給、消費や移動、価格の決定、あるいは資金と利益配分の規制から企業の合併・廃止・整理・統制団体の設立、労働者の賃金や労働条件、さらには家屋・工場・土地・船舶の収用・管理・使用にまで及んでいた。この法律は、勅令をもって具体化されることから、無制限の権限を政府に与える委任立法として議会の激しい反対を受けた。法案の説明に立った佐藤賢了《けんりょう》中佐が、議員の質問に対し「黙れ」と発言、物議をかもしたのも、この議案に対する議会の反対の強さを物語っていた。

労使関係も大きく変化した。一九三八（昭和一三）年七月には産業報国連盟が結成され、「労使一体」「産業報国」をスローガンに単位産業報国会が組織されていった。単位産業報国会は社長を会長に工場、事業所単位に全従業員を含む組織として結成され、内務省の指導下にそれまで活動してきた自主的な労働組合を解散・統合するかたちで組織化された。この結果、一九三九（昭和一四）年末には会員数約二九九万人となり、組織率は四三％に達した。これもまた宮崎がかねてより主張してきた労使協調による産業平和の具体化に他ならなかった。もっとも、産業報国連盟は、宮崎が意図した「労使協調」をさらに一歩進めて「労使一体」の実現に向かっていった。この産業報国連盟は、一九四〇(昭和一五)年代に入り近衛新体制運動が展開され、「勤労新体制」の確立が叫ばれるなかで一九四〇(昭和一五)年一一月には大日本産業報国会に改組されていく。

このように日中戦争を前後して宮崎の五カ年計画の構想そのものは後景に退くが、それを実現するための統制のアイデアは革新官僚の手にゆだねられ、折からの戦争の遂行のなかで、金融・貿易と為替・雇用といった面で具体的統制が進むこととなる。この統制の司令塔的存在が、日中戦争直後の一九三七(昭和一二)年一〇月に創設された企画院であった。

運用面での問題点

統制律法はこのように強力だったが、市場との関連で見たとき、はたしてどれほど統制経済は浸透したのであろうか。法律だけでは理解できない市場の動きも見ておかなければならない。事実を見れば、戦時三法と称された三つの法律を見た場合、「臨時資金調整法」の施行過程では、重点項目である甲事項に該当する重要産業部門への融資が必ずしも円滑には行われておらず、資金不足で経営が危機に陥るケースも少なくなく、結局統制の不備がより厳しい統制を生む形で事態が深刻化していく場合が少なくなかった（柴孝夫・岡崎哲二編『制度転換期の企業と市場』）。また、物資の流れを規制した「輸出入品等臨時措置法」を見ても、統制経済が「闇経済」を生むなかで、かえって物流効果を低める結果を生み出していくなど、庶民生活に深刻な影響を与えていくこととなった。したがって、日中戦争以降太平洋戦争にかけて、物資不足と統制の強化は、同時並行的に進行する結果となった。また「国家総動員法」も同様であった。労務動員の強化を目途とした勅令による動員体制は、当初は学校卒業者や技術者に始まったが、結局労務動員は全般的に拡大すると同時に最終的には徴用令に行きつくこととなった。このように統制政策が市場の動きを規制できたのはすべてではなく、その枠外に問題を残す結果となった。

日本型経済システムの戦後への継承

戦後日本型経済システムは再現する。宮崎がアイデアを提供し、革新官僚が財界の反対を押し切って進めた「資本と経営の分離」は、太平洋戦争勃発前は財界の反対もあって一頓挫したが、太平洋戦争に入ると商工大臣岸信介の下で急速に進められ、統制会の結成と軍需会社法の制定のなかで急速に具体化された。しかも戦後はＧＨＱの民主化政策の一環として展開された

「財閥解体」によってそれが急速に進展し、財閥本社の消滅とともに「資本と経営の分離」は実質化した。この結果、それまでの経営者に代わって内部から昇格した若い「企業家精神」に富んだ経営者群が誕生した。彼らは就任とともに激しい労働攻勢に直面した。一九四五(昭和二〇)年から一九四六(昭和二一)年にかけての争議の主要な形態は生産管理闘争と呼ばれるもので、それは組合による自主生産、つまりは組合の経営管理を目指すものであった。こうした闘争は、戦後の日本の多くの労働組合が、戦前の産業報国会の組織を引きずった企業別組合であり経営幹部の一部に組合員がいるからこそできることだった。若い経営者たちは日本経営者団体連合会（経団連）に結集して経営権の奪取に全力を傾注した。この過程で「資本と経営の分離」が実現し、企業別組合が戦前の産業報国会を継承する形で現れた。

金融システムと配給システムも、戦争中のやり方を継承して戦後再現した。戦後展開された復興政策は、経済安定本部の主導下での「傾斜生産方式」による重点産業育成施策であったが、それは戦争中の企画院による物動計画と生産力拡充計画に酷似していた。またそれを実現するための手段も、戦争中のそれに類似していた。たとえば、戦前の日銀主導の臨時資金調整法による重点的融資政策は、戦後においては復興金融金庫による金融機関資金融通準則に継承された。この過程で財閥本社に代わって金融機関が資金を供給する、いわゆるメインバンク制が定着し始めた。

宮崎のアイデアは、彼の手から革新官僚の手に移り、そして戦後は官僚たちの手で実現されていった。

ドッジラインとその影響

ドッジラインは、こうした戦後復興過程での戦前版統制経済の再現を破壊したかのように見えた。たしかにドッジが古典的自由主義者と称されたように、彼によって市場経済の原理が強権的に導入されたからである。ドッジラインによって、資本主義的経営を保障する「資本・賃労働関係の安定」、インフレーションを抑制した「通貨安定」、一ドル＝三六〇円の単一為替レートの設定に見られる「対外経済関係の安定」の「三つの安定」が一挙に確保されたとする（浅井良夫『戦後改革と民主主義』）。その意味では、戦後の混乱過程は、このドッジラインにより、一定の収束を見て、安定化の第一歩を踏み出したといえよう。しかし一九五〇（昭和二五）年六月に朝鮮戦争が勃発すると、日本はアメリカ軍の兵站基地としての役割が高まり、西側陣営の一員としての重みが増した。戦争は、北朝鮮軍が三八度線以南を侵略することで始まったが、同年九月に国連軍が仁川に上陸することで巻き返した。ところが、一〇月に中国人民解放軍が参戦することで一進一退を繰り返し、結局一九五三（昭和二八）年七月に休戦するのである。この間三年間にわたり日本は連合軍の後方兵站基地としての役割を演じた。この結果、ドッジラインで収縮した日本経済は、朝鮮戦争による戦争景気で息を吹き返した。朝鮮特需は砲弾からトラックや車両の生産と修理、軍用毛布の調達を中心に休戦までの三年間にその額は約二八億ドル、約八〇〇〇億円に達した。一九五一（昭和二六）年九月にはサンフランシスコ講和条約が締結され、日本は西側陣営の一員として国際舞台に登場することとなった。この間一九五〇（昭和二五）年七月には警察予備隊が創設され、日本での再軍備が始まると同時に同じ七月からレッドパージが始まり、これまで公職追放となっていた人々が追放解除となって釈放された。こうした追放解除となった元政治家や官僚、実業家が、講和条約後に日本社会の表舞台に再登場することで、日本は占領後の新局面を迎えることとなる。

五五年体制の確立と岸信介

朝鮮戦争が休戦を迎えたのは一九五三（昭和二八）年七月のことだった。朝鮮特需も去り不況の波が日本を覆った一九五五（昭和三〇）年に日本は新しい政治経済システムへの歩みを始めた。まずは左右社会党の合同であり、そして自由党と民主党の合同による自由民主党（自民党）の結成だった。そしてこの二大政党による安定した政治体制がスタートした。新生自民党の幹事長には岸信介が就任した。この岸信介が、初代の鳩山一郎、二代目の石橋湛山に次いで三代目の総理に就任するのは一九五七(昭和三二)年二月のことだった。彼は、東南アジア各国への賠償問題にめどをつけ、同年一二月には新長期経済計画を決定し、年率六・五パーセントの経済成長を目標に高度成長政策のスタートを切る。

以降一九六〇(昭和三五)年の安保改定問題で、国民的規模に高揚した改定反対運動の嵐のなかで岸が総理を辞任するまでの三年有余、彼は日本政治をリードすることとなる。岸の政策は明確だった。かつて岸が辣腕を振るい活躍した商工省の後身である通産省を中心に官僚統制の強い重工業育成政策を構想していた。そして、戦前の満洲、中国に代わる海外新市場として東南アジアを見据えて高度成長の軌道整備に取り掛かったのである。

三井三池争議と安保闘争

日本が高度成長を開始するには、まだ通らなければならないいくつかの関門が存在した。最大の関門は、エネルギー源の石炭から石油への転換だった。それは同時にまた石炭産業の縮小再編を含むリストラ政策の推進だった。当時日本では斜陽化した石炭産業での争議が多発した。三井三池炭鉱は明治時代から日本を代表する炭鉱で、戦後復興でも大きな役割を演じたが、一九五九（昭和三四）年から一九六〇（昭和三五）年にかけて合理化と大量解雇で揺れ、激しい争議が展開された。同じ六〇年に大規模な闘争となった安保反対闘争と重なった。この年の年頭に渡米した岸総理一行は、日米新安保条約に調印、アイゼンハワー大統領の訪日などを決定して帰国した。これに反対する国民世論は大規模な国会請願デモとなって高揚し、六月にはデモ隊が国会に突入、機動隊との衝突で女子学生一名が死亡した。この知らせを受けたとき、岸は前々から予定されていたアイゼンハワー米大統領の訪日中止を決めた。そして、とにかく安保条約だけは成立させて、その後は辞任することを決意したという。「安保反対」「アイゼンハワーの訪日阻止」をスローガンに総評（日本労働組合総評議会）と社会党を主役とする大衆運動は激化し、三〇余万人のデモ隊が国会を包囲するなかで、岸は安保条約の自然承認とともに辞任した。安保闘争が盛り上がるなかで、三井三池争議は、一九五九（昭和三四）年八月から一九六〇（昭和三五）年一一月の中労委の斡旋まで一年三カ月に及んだ。この争議を契機に石炭産業は、日本の主要なエネルギーを石油に譲って衰退していった。他方、安価な石油をエネルギー源とする重化学工業主体の高度成長が本格的に始動することとなる。しかしこの三井三池争議は、日本の労使関係に深刻な影響と教訓を残した。会社側の人員整理に対して組合側は「解雇絶対反対」をスローガンに掲げて長期のストライキを決行し、労使双方が深く傷つく結果となった。一九五〇年代以降の日本の争議の多くは、解雇反対を掲げて激しく戦った結果、労使双方が傷ついたが、三井三池争議でその頂点に達した。この苦い経験が、企業家側をして終身雇用への道を模索させる一因となった。

日本型経済システムの完成

岸政権の下で日本型経済システムは完成を見る。一九四九（昭和二四）年のドッジラインで一度は市場経済面が前面にせり出すが、その動きは一九五七（昭和三二）年の岸政権の下で再度官僚統制下での経済成長システムに改編された。その内容をまとめてみると以下のようになろう。

まず「資本と経営の分離」による経営陣の形成である。経営者は株主の意向により選出されるのではなく、内部昇格した専門の経営者により構成される。彼らは、株主の意向や株価の変動に左右されることなく長期的展望に立って企業を運営し、通産省の行政指導と密接に連動しつつ国家的施策を意識しつつ企業経営を推進するのである。企業内では、終身雇用制と年功序列を柱とする人事システムが機能し、後述する企業別組合とともに労務管理システムの中核を構成した。

「メインバンク制度」も重要な柱となった。会社の資金調達は、株主からではなくメインバンクとなる銀行から調達された。企業と銀行の関係は、一九二七（昭和二）年の金融恐慌とその後の銀行統合の推進を受けて始まり、戦時中および戦後復興過程での国家資金の企業への供給を通じて太いパイプを造り上げることで制度が定着した。

「日本的労使関係」を軸とした労使協調が三つ目の重要な柱となった。産業報国会を通じた労使一体の関係が戦後は先に指摘した終身雇用、年功序列賃金体系と合わせて企業一体の労使協調関係形成の重要な要素となった。

この三つの要素が、戦前に満鉄調査部の宮崎正義らの手で案出され、それが岸信介、椎名悦三郎、星野直樹らの手で満洲国で実施され、一九四〇年代には日本国内で大々的に実施された。それが戦後、戦争から平和復興に目的を変えて日本で実施され、ドッジラインで一時消えたかのごとく見えたが、一九五五（昭和三〇）年以降の経済成長のなかで、岸―通商産業省のラインでその姿を現すこととなる。

三　日本型経済システムの運用と終焉
―池田政権から自民党の崩壊―

池田内閣と所得倍増計画

岸政権から池田政権に移るところで、日本型経済システムはその運用段階に入る。岸の後を継いで総理の座に就いた池田勇人は「寛容と忍耐」「所得倍増論」をキャッチフレーズに日本型経済システムを運用して高度経済成長政策を推し進めた。池田は一八九九(明治三二)年広島県に生まれ、一九二五(大正一四)年京都帝国大学法学部を卒業後大蔵省に入省する。その後落葉状天疱瘡なる病のため長期休養を余儀なくされる。その間妻と死別、遠縁の大貫満枝と再婚するなど苦難を経験し、大蔵省主税局長で敗戦を迎えた。敗戦後の一九四七(昭和二二)年二月の第一次吉田内閣時に大蔵事務次官に抜擢されるが翌四八(昭和二三)年には大蔵省を退官して政界に転じた。一九四九(昭和二四)年一月の総選挙で初当選し、直後の第三次吉田内閣で大蔵大臣に抜擢され、翌五〇（昭和二五）年二月には通産大臣も兼任する。「貧乏人は麦を食え」発言で物議をかもしたのはこのときである。石橋、岸内閣時には蔵相を務めるが、六〇年安保闘争で岸が退陣した年の七月に総理大臣に就任した。池田も前任者の岸同様経済重視の方針を貫き「所得倍増論」を掲げて高度成長政策を推進した。岸が政権の座から降りることを決めた六月一五日、大平正芳は、同じ派閥の長である池田に向かって、次期総裁選への出馬を見合わせてはどうかと進言したという。「あなたは保守の本命だから、こんな時期に出て傷がついてはいけない。いったん石井なり誰かになってもらって、すこし情勢が静まってから出たらどうですか」。この進言に対して、池田は「君はそう言うが、おれの眼には、政権というものが見えるんだよ。おれの前には政権があるんだ」といったという。そして大平が帰った後、同席していた秘書の伊藤昌哉が「総理になったらなにをなさいますか？」と聞いたところ、池田は即座に「それは経済政策しかないんじゃないか。所得倍増でいくんだ」と答えたというのである（伊藤昌哉『池田勇人　その生と死』）。

池田のブレーンたち

池田は「所得倍増論」を掲げて総理に就任した。立案者の一人は、池田のブレーンだった下村治だといわれている。しかし、この所得倍増計画は、岸信介の時代までに作り上げられてきた日本型経済システムの完成があってこそ、初めて可能となることだった。下村の一連の論文はそれを物語っている。たしかに下村は、一九五〇年代後半の大来佐武郎や都留重人との論争を通して日本経済の強さを踏まえた高度成長の可能性を洞察した点で「鋭い洞察眼」(上久保敏『下村治――「日本経済学」の実践者(評伝・日本の経済思想)』)を有していた経済学者であったことは間違いない。また池田勇人が主宰する宏池会の研究会での論議を通じて池田の経済政策、とりわけ「所得倍増論」に大きな影響を与えたことも、これまた周知の事実であろう。しかし、この「所得倍増論」を新長期経済計画として最初に経済審議会に答申したのが岸内閣であったことを考えると(中村隆英・宮崎正康『岸信介政権と高度成長』)、もし岸内閣が安保闘争のなかで倒壊しなかったとすれば、同政権の手で推進されたかもしれないのである。しかも、池田内閣の下で下村理論が政策化されていく過程では、満洲国の官僚で星野直樹と同時期に渡満し、敗戦後はシベリア抑留、帰国後の公職追放を経て池田が率いる宏池会の事務局長を務めた田村敏雄がいた(沢木耕太郎『危機の宰相』)。満洲での高度成長政策の体験者がいればこそ、下村の高度成長理論は池田の政策となったともいえるのである(同前)。

1　日本型経済システムの運営者たち〝佐藤栄作〟

一九六四(昭和三九)年一一月病気で辞任した池田勇人を継いで総理に就任したのが佐藤栄作だった。彼は岸信介の実弟で、東京帝国大学卒業後に鉄道省に入省、大阪鉄道局長で敗戦を迎えている。一九四八(昭和二三)年運輸次官をもって退職し、一九四八年には第二次吉田内閣時の官房長官に就任している。以降第三次、第四次吉田内閣時代は郵政大臣や建設大臣などを歴任する。一九五四(昭和二九)年には造船疑獄で逮捕請求を受けるが、犬養健法務大臣の指揮官発動で逮捕を免れたことは前述した。一九五七(昭和三二)年に自由民主党に入党、一九五八(昭和三三)年第二次岸内閣時代には大蔵大臣に、第二次池田内閣時代には通産大臣を歴任し、一九六四(昭和三九)年一一月池田総理の病気引退を受けて総理大臣に就任した。その後佐藤は、一九六四年一一月から一九七二(昭和四七)年六月の退陣までの約七年八カ月の長きにわたって総理総裁の地位を占め続けたのである。桂太郎を除けば歴代総理では最長不倒を記録した長期安定政権だった。佐藤栄作の最大の特徴は、「人事の佐藤」と称されたように、「アメとムチ」、部下を忠誠競争させるといった人使いの巧みさにある。今一つは、その国際版ともいうべきかもしれないが、巧みな外交政策の展開である。彼の在任期間中に外交面では日韓基本条約、沖縄、小笠原諸島の返還に代表される対アジア、対米外交問題を推進、解決させた。もっとも沖縄返還交渉では、「綱と糸の交換」と称されたように日米繊維交渉では大幅な譲歩をアメリカに対して行い、基地問題では、地代支払いを日本が負担する密約を行うなど、多くの課題を積み残した。また一九六七(昭和四二)年一二月に衆議院予算委員会で「非核三原則(核兵器を持たず、作らず、持ち込まず)」を宣言したが、最後の持ち込まず、に関しては日米密約があることが発覚した。こうした点で、さまざまな課題を積み残したが、こと経済政策では、池田が引いた高度成長路線を継承しつつ、彼は、この間の日本の成長率は、一九六五(昭和四〇)年こそ六・二%の低さにとどまったものの、平均で一〇%台の高成長を記録した。つまりは、岸が引いた路線を継承した池田の線の延長上を走ったのである。

2 日本型経済システムの運営者たち 〝田中角栄〟

佐藤の後を継いで総理の座に就いたのが田中角栄だった。彼は、それまでの池田勇人、佐藤栄作が帝国大学卒、官僚出身だったのに比較すると高等小学校卒、専門学校夜間部で土木工学を学び、苦学力行、総理の座を射止めた。彼が、足軽から天下人となった豊臣秀吉にならって「今太閤」と称されたゆえんである。一九三七(昭和一二)年土建会社を興すと戦時期の軍需ブームに乗って事業を伸ばし、一九四五(昭和二〇)年には理研工業の朝鮮事業担当中に敗戦を迎え日本国内へと引揚げた。戦後は政界に転じて一九四六(昭和二一)年の第二二回衆議院総選挙に進歩党から立候補するも落選、一九四七(昭和二二)年の総選挙で民主党から立候補し初当選を果たした。一九四八(昭和二三)年には炭鉱国家管理法をめぐる収賄容疑で逮捕されるが、獄中から立候補して再選、一九五一(昭和二六)年には無罪を勝ち取っている。一九五七(昭和三二)年には岸内閣の郵政大臣、一九六二(昭和三七)年の池田内閣、一九六四(昭和三九)年の佐藤内閣時代の大蔵大臣、一九七一(昭和四六)年には佐藤内閣時代の通産大臣を歴任、日米繊維交渉では辣腕をふるって決着させた。そしてポスト佐藤をめぐり一九七二(昭和四七)年七月福田赳夫を決選投票で破り自由民主党総裁・総理大臣に就任した。三木武夫、田中角栄、大平正芳、福田赳夫が四つ巴の選挙戦を講じたことから「三角大福選挙」と称された。総理就任直後の九月には中国を訪問、日中国交正常化を実現した。田中の経済政策は、総理就任直前の一九七二年六月『日本列島改造論』を打ち上げたように、池田、佐藤が推進した高度成長政策のさらなる加速化であった。しかし一九七三(昭和四八)年には　オイルショックに直面、一九七四(昭和四九)年初頭には東南アジア歴訪の旅の途中で反日運動に直面するなど苦境にたたされ、さらに一九七四年一〇月には『文藝春秋』誌上で土地ころがしによる金脈問題が追及され、内閣総辞職に追い込まれた。そして一九七六(昭和五一)年八月にはロッキード事件で受託収賄罪で起訴された。その後は、政界の奥の院として院政をひき、彼が住んでいた文京区目白の地名にちなんで「目白の闇将軍」と称された。一九九〇(平成二)年に政界を引退した。彼もまた、佐藤栄作同様前任者が引いた高度成長路線を踏襲し、それを加速度化させた一人だった。その意味では、岸信介が作り上げた戦後の日本型経済システムの運用者だったのである。しかし、もはやこのシステム自体に陰りが見え始めていた。

3　日本型経済システムの国際的拡大　〝三木武夫から鈴木善幸へ〟

田中角栄総理をもって日本の高度成長の時代は終わりを告げる。あとは、これをどう手直しするかに課題は移行する。新しい課題とは、これまで高度成長を主導してきた輸出産業の国際競争力を規定してきた一ドル＝三六〇円という固定相場が外され円高が始まったとき、これにどう対応するのか、安価な石油によって支えられてきたこれまでの高度成長を石油価格の高騰のなかでどう対応するのか、という点であった。この石油高と円高という二つの課題に田中内閣以降の歴代内閣は、どう対応してきたのであろうか。実は、三木武夫、福田赳夫、大平正芳、鈴木善幸総理にいたる一九七〇年代後半から八〇年代前半までの歴代総理は、ロッキード事件の処理と余波に揺れて日本型経済システムの手直しに着手できなかった。たしかに戦後高度成長にとって石油危機と円高は大きな試練であった。原油価格の高騰を反映した製造コストの高騰と円高は、日本産業の輸出力の減退として表れたからである。この危機を乗り切ったのは、政府の施策もさることながら日本企業の全社あげての省エネ合理化運動だった。エレベーターの使用禁止や昼の照明灯の節約に始まり、果てはトイレの水の使用制限にいたるまで、乾いたぞうきんを絞って水を出すような節約運動を展開したのである。こうして危機を乗り切った日本企業の「日本型経営」は世界で見直されたのである。また円高に対しては、海外展開でその回避を模索した。日本の海外投資は、一九七〇(昭和四五)年の段階では九億ドルに過ぎなかった。ところが円高が始まった一九七二(昭和四七)年には二三・四億ドルに、一九七三(昭和四八)年には三五億ドルへと急上昇したのである。しかし日本型経済システム自体には大きな手直しはなされなかった。むしろ日本型経済システムの国際的拡大過程が始まったといえよう。

4　日本型経済システムの手直しとその失政　〝中曽根康弘から竹下登〟

一九八五(昭和六〇)年ころから日本型経済システムの手直しが始まる。そのきっかけは、対米貿易黒字の累積に対する国際圧力だった。これに対して一九八〇年代後半の中曽根内閣、竹下内閣がとった政策は、輸出抑制、内需拡大、現地生産の促進だった。中曽根内閣は、貿易摩擦を生む輸出主導から脱却する方向を模索し一九八六(昭和六一)年四月に元日銀総裁前川春雄を座長とする提言「国際協調のための経済構造調整委員会の報告書」を作成した。これは、通称「前川レポート」と称されるもので、できる限り内需を拡大し、市場を開放し、規制を緩和して、日本経済の構造を輸出型から内需型に転換しようという提言だった。中曽根内閣は、これと関連して一九八六年には国鉄民営化を推し進めた。官僚主導の輸出産業一辺倒の構造を規制緩和による民間活力と内需主導へと転換させようとしたのである。しかし、内需拡大のための低金利政策で市場に流通していた資金は、株と土地に投下され、これによって日本経済は、空前のバブル経済に突入し、民営化も十分な民間活力を生かせないままに構造改革は掛け声だけに終わったのである。

日本型経済システムの老朽化

一九八九(平成元)年は日本型経済システムの前提となる東西対立の冷戦構造が終焉を迎えたときであり、長く続いた五五年体制の前提が崩れたときでもある。一九八〇年代後半に東欧を中心に進行していた民主化運動のうねりは一九八九(平成元)年一一月のベルリンの壁の崩壊を生み出し、それはソ連邦解体をも生んでいった。一九八五(昭和六〇)年にソ連共産党書記長に就任したゴルバチョフはペレストロイカ政策を推進し、経済の建て直し、政治の民主化を推し進めた。また東西対立による軍事費増加を避けるためにデタント(緊張緩和政策)を積極的に推し進めた。しかし市場経済の導入は、かえって経済危機を深刻化させ、ペレストロイカの推進と政治の自由化は、反政府運動の高揚と民族対立を激化させた。保守革新の対立のなかで指導権を握った革新派のロシア大統領エリツィンは中間派のゴルバチョフを退けてソ連邦の解体を推し進め、一九九一(平成三)年一二月には新に独立国家共同体（ＣＩＳ）を創設した。一九九一年のソ連邦の崩壊と日本のバブル経済の崩壊が同時に起こるなかで、日本では一九五五(昭和三〇)年から継続してきた自由民主党の一党支配が終焉を迎える。一九八九(平成元)年の竹下登内閣から宇野宗佑、海部俊樹、宮沢喜一と続いた自由民主党政権は、宮沢内閣を最後に一九九三(平成五)年八月に日本新党を含む七党一会派の細川護煕連立内閣に交代することで終わりを告げた。しかしこの細川内閣も八カ月の短命で終わり、新生党を含む五党連立の羽田孜内閣、社会党など三党連立の村山富一内閣を経て再び一九九六(平成八)年一月には自由民主党など三党連合で橋本龍太郎が組閣を行った。以降小渕恵三内閣、森喜朗内閣、小泉純一郎内閣、安倍晋三内閣、福田康夫内閣、麻生太郎内閣と連立内閣が続き、二〇〇九(平成二一)年自民党は民主党に敗北して野に下ることとなった。政権を奪取した民主党も鳩山由紀夫、菅直人と二代ともに短命のうちに政権交代している。

日本型経済システムの見直しの必要性

これまで日本型経済システムの歴史的形成過程とその見直しのプロセスを歴代内閣の動きと関連して歴史的に概観した。これまでの考察から明らかなように通産省を中心とする官僚が主導し、政財官三位一体で経済成長を推進する日本型経済システムに対する見直しが始まったのは一九九〇年代に入ってからであった。しかし東西冷戦が終結し、世界がグローバル競争下の新しい時代を迎えるまでの半世紀にわたって、この官僚主導の日本型経済システムが生き延びたこと自体が、この体制の強固さと精巧さを物語っているといっても過言ではない。アジアのなかでこの体制作りが、最も早期に、最も成功した国が日本であった。しかし、その成功体験ゆえにこれに代わる新しい体制作りに苦労して今日にいたってもそれに成功していないのも、これまた日本なのである。

前述した如く、一九九三（平成五）年に日本新党を含む七党一会派による非自民党政権である細川護熙内閣が誕生したものの、わずか八カ月で崩壊し、その後は政権は短命内閣を繰り返し、官僚主導は否定したものの、それに代わる政治主導の日本型経済システムは生みだされてはいない。この間、そうした混乱のなかで、日本経済は低迷を続けて今日にいたっているのである。

そうした経緯を振り返ると、一九九〇年代以降今日にいたるまで日本の政治・経済を指導してきた政官財のリーダーたちがこれまでの日本型経済システムを破棄もしくは改編して新しい経済成長システムを創出しえなかった責任は非常に重いといわざるを得ない。

四　日本型経済システムとはなにか

官僚主導の経済システム

一九五五(昭和三〇)年から日本の高度成長をリードし一九九三(平成五)年の五五年体制の崩壊と前後してその歴史的役割を終えた日本型経済システムとは、いったいいかなる特徴を有していたのであろうか。その第一の特徴は、官僚主導の経済システムだったという点にある。官僚が市場経済に介入して、その動きを先取りしてその方向性を指示した点に最大の特徴がある。通産官僚で一九八〇年代産業機械課長、大臣官房会計課長、通商政策局経済協力部長などを経て日産自動車副会長を務めた伊佐山建志は、通産官僚の役割は、「適切なガイダンスが与えられる知的センスをもって業界を指導する点にある」(『太平洋の世紀─日本株式会社の仕組み・日本経済躍進の秘密』ビデオ版)と述べている。

しかし、ここでもう一度「日本型経済システムと官僚」という視点から整理しておくこととしよう。日本型経済システムの原型は、戦前の満洲国で作られた。そして戦前期に日本の統制経済の中枢に位置づけられた日本型経済システムは、確かに戦後のＧＨＱの改革のなかで消えたように見えた。つまりは「断絶」しているように見えたのである。しかし、「断絶」を生むには戦後の改革はあまりに短命だった。戦後間もなく始まった東西対立に象徴される冷戦の深まりのなかで、戦後の一連の民主化政策は骨抜きとなり、戦前的な姿が表面に出てきた。その意味で戦前の商工省や企画院の活動に類似する側面が多々見られたのである。

五五年体制は、そうした意味では、戦前から引き継ぎ、戦後完成された、一個の高度成長を推進するための仕組みだったといってよい。そして、これを戦後の一つのシステムに作り上げるために重要な役割を演じた人物が、満鉄調査部の宮崎正義と商工官僚の岸信介だったといってよかろう。宮崎正義は立案者として、岸信介はその運用者として大きな意味を持った。それは東西対立を強く意識したという意味では、ロシア革命後の社会主義との対立を嚆矢に、戦後の冷戦構造にまで含みこまれて作り上げられてきたものだった。社会主義とは異なる統制主義者である宮崎正義、岸信介にとって、こうした統制システム作りは最も得意とするところであったろう。加えて岸の場合には、時代の先を読む政治感覚の鋭さがあった。彼は、サイパン陥落時の一九四四（昭和一九）年六月には東條内閣を見限って、彼と喧嘩をして、東條内閣つぶしのきっかけを作り、それを手土産に戦後の復活を図ったことや、戦後の五五年体制を不可避と見て、幹事長として、その道をまい進するというように、絶えず時代を読みきった上で行動したのである。

日本型経済システムと満洲人脈

したがって、このシステムが満洲国で最初に実施されたということは故なきことではない。またそれが戦後の東西対立下で生き残ったことはこれまた不思議なことではなかった。つまりは、満洲人脈はこのシステムを象徴するグループだったのである。彼らは、満洲国で辣腕をふるい、日本へ帰国後の戦時体制下にあって、商工省や企画院を中心に革新官僚として日本の政治や経済をリードしていった。

しかし、一九四五(昭和二〇)年八月の敗戦を迎え、そして占領下にあっては、この満洲人脈はいったんは解体された。満洲人脈の頂点に立っていた東條英機を始め主だった軍人たちが抜けていったからである。しかし、満鉄スタッフや官僚群は経済安定本部などに入り、その伝統を継続させていた。そして一九五二(昭和二七)年に占領が終わり、追放が解除されると、いったんは解体されていたかに見えた満洲人脈が本格的に再編されていくのである。このときリーダーを務めたのは、東條英機らの軍人たちではなく、満洲国総務長官だった星野直樹でもなく、満鉄の事業を継承する形で作られた一大コンツェルンである満業を率いた鮎川義介でもなかった。代わって、この満洲人脈を率いたのは、戦後の極東軍事裁判で戦犯起訴を免れ、戦後政治のひのき舞台に再登場できた岸信介だった。

岸は、戦前は軍と官僚主導の戦時高度成長政策を推進し、戦後は軍を除く官僚主導の高度成長政策を推し進めた。戦後の高度成長を推し進めたなかには、満洲時代の戦時高度成長を推進した経験を持つ椎名悦三郎や満鉄から企画院に出向し、戦後は安本をリードした満鉄調査部員や、それに通産省のメンバーたちもいた。岸は、戦後は満洲国や中国に代えて東南アジアを巻き込んだ経済成長を模索した。その実現には、満洲人脈の藤崎信幸や満鉄調査部の原覚天らが深くかかわっていた。その事業推進には、同じ満洲人脈で朝鮮・満洲での電力開発事業を手掛け、戦後は、開発コンサルタント会社の日本工営を立ち上げた久保田豊らも参画していた。つまりは、満鉄調査部の宮崎正義が描いたグランドデザインを、戦前から戦後政治のなかで実現していった面々が、岸を筆頭とする満洲人脈だったのである。

日本型経済システムとはなにか

戦前戦後を通じて日本型経済システムをなす基本構造は、「政」「官」一体による「財」の統制によって形成、運営されてきた。それは、戦前においては戦時下の国家総動員体制が一つのピークであり、戦後においては経済復興、さらには高度経済成長という国家目標の下に、さしたる齟齬もなく機能してきたといってよい。むろん驚異的な高度成長をなしとげた背景に、保守一党支配、いわゆる五五年体制の強固な基盤があった事は否定できない。だから日本型経済システムにおいては「政」と「官」が一体化していること、換言すれば政治と行政が不分明であるところに特色があった。こうした特色は戦時下において構築され、戦後にそのまま引き継がれ、高度成長期において最大の機能を発揮するにいたった。この「政」と「官」のバランスが一九九三(平成五)年以降崩れ始めたときこの日本型経済システムは終焉を迎え、新しいシステムの構築が急がれたのである。

今一つは日本型経済システムそのものが明確な国家目標を実現するために作られたものであった事である。戦前には戦争の遂行、戦後には経済発展という確固たる国家目標を前提に組織されたのである。したがって、国家目標が、対外協調という課題に変化したときには、システム全体の作り変えが要請されたのである。この点でも新しいシステムの構築が急がれたのである。

考えてみれば、日本型経済システムが形成されていく過程では、常に極めて大きな外圧が作用していた。戦前においてはそれは欧米列強とのアジアでの対立であり、対米戦争であった。

そうした外圧のなかで北一輝や宮崎正義、高橋亀吉らは、日本が生き延びるための変革プランを計画した。戦後においても、まずは占領軍の政策があって、その圧力の下で様々な政策が実施された。こうしたなかで、日本型経済システムが円滑に運営されるには、日本国内では一隻の「難破船」（破産企業）も出さないという政策であった。しかし、これが市場原理で淘汰されるべき不良企業をも日本のなかに残す結果となったのである。

五　日本型経済システムの成立の条件

日本型経済システムの成立の条件

日本型経済システムの内実を語る前に、このシステムが成立する条件を再度確認しておきたい。少なくとも一九五五(昭和三〇)年以降の高度成長が一〇年以上にわたって継続した理由に日本型経済システムがあることは間違いない。この成立の条件としては、「政」と「官」のバランスがとれていたことがあげられる。少なくとも一九九三(平成五)年の自由民主党の一党支配が終焉する前まではそうであった。そして、この間における主要な国家目標は経済発展、高度成長という課題の達成だった。この微妙な「政」と「官」のバランスは、一九八〇年代半ばから徐々にではあるが崩れ始めていた。典型的な事例は一九八六(昭和六一)年四月中曽根首相から中長期的経済政策の基本方向を諮問されていた「国際協調のための経済構造調整研究会」は、その答申において「いまやわが国は従来の経済政策および国民生活のあり方を歴史的に転換させるべき時期を迎えて」いると主張した。この答申は前川前日銀総裁が座長であったことから「前川レポート」と呼ばれているものだったが、ここで最も強調されていることは、国際収支の一方的黒字縮小を図り、国際協調経済への構造的変革が急務であるとした点である。それには「原則自由、例外制限」の市場原理を基調とした経済施策への転換を、政府が内外に声明すべきであるとした。つまりは、規制緩和、対外市場開放についての積極的な提言であった。たしかに一九八〇年代の半ばころからコメや農産物の自由化をめぐる「政」と「官」の不協和音が目立ち始めたから両者のバランスが崩れる兆候が見えてきたが、それ以前は「政」「官」ともに経済発展・高度成長という点ではがっちりとしたスクラムを組んできたのである。これが日本型経済システム成功の前提条件だった。

国家的政策課題実現の道具

したがって、経済発展、高度経済成長実現という点では、日本型経済システムは日本経済に大きく作用した。後発近代国家だった日本の経済成長の歴史は、明治時代から始まるが、当初は政府主導の殖産興業が大きなウエイトを占めてきた。しかし、一九二〇年代に入ると株主資本主義の発想が強まり、経済は株主の意向に沿って展開されていくこととなった。つまりは市場的自由化政策の時代が到来したのである。ときは国際化の時代であり、ワシントン体制に象徴されるように、軍縮が最優先された。そして一九二〇年代の外交が、それをリードした外相幣原喜重郎の名をとって「幣原外交」と称されたように一九二〇年代の日本の外交政策の基調は欧米協調路線であった。満洲事変以降は様相が激変する。以降一九四五(昭和二〇)年までは、戦争と軍拡と国際的孤立の道を歩むこととなる。この目的のための政策強制策として日本型経済システムは案出され、展開された。一定の国家的政策目的に沿う形で官僚が強権的に主導する形で、政治・経済・文化資源が集中的に投入されるこのシステムで、効率的な圧縮型成長が可能となったのである。したがって、圧縮型成長を遂げた一九三〇年代までの日本型経済システムの持った意味は大きかったといえよう。

この政策課題は、戦後は西側陣営に立った経済復興と高度成長による国富の追求となるが、その意味でも官僚主導の日本型経済システムは有効性を発揮した。主要産業は繊維産業から機械器具産業へと移行し、主要な市場は中国からアメリカ・東南アジアへと転換したが、東西対立のなかでの西側陣営の最前線の経済機能を輸出という形で貢献する日本の位置と役割は一貫していた。ここでもまた官僚主導の日本型経済システムは国家的政策課題実現の具として重要な役割を果たしたのである。

長期的目標での経営運営

したがって、経営責任者は長期的目標で企業経営を展開することが可能となった。経営者は株主の動向に左右されることが少ない環境で、長期的展望に立って企業経営を展開することとなったのである。一九二〇年代までは、毎年の株主総会を意識し、株価の動向や株主への配当を考慮した企業経営を余儀なくされ、経営の観点は勢い短期視点が前面に出てきたが、日本型経済システムでは、そうした制約条件にとらわれることなく長期的視点からの経営が展開できたのである。そして、終身雇用と企業内年功序列賃金体系の下で、安定的経営が展開可能となったのである。さらに企業別組合のシステムは、従業員の企業一体意識を強めて経営の安定と収益増新に大きな役割を演ずる結果となった。

経済大国化の道

その結果だが、経済大国への道を実現する上では決定的役割を演じた。確かに飢餓線上の貧しさからの脱出は、この日本型経済システムが実現できた達成目標の一つだった。一九四五(昭和二〇)年の敗戦下の廃墟からの復興、それを前提とした一九五五(昭和三〇)年からの高度成長と一九八〇年代以降の経済大国化の道は、官僚主導の日本型経済システムなくしては実現困難なことだった。この間のＧＤＰ成長率は、それを如実に物語る。日本のＧＤＰ成長率は、一九五六（昭和三一）年からの神武景気、一九五九（昭和三四）年からの岩戸景気、一九六六（昭和四一）年からのいざなぎ景気を受けてうなぎ上りに成長し、一九八五（昭和六〇）年からのバブル景気のなかで一九九〇（平成二）年には四三〇兆円に達し、一人あたりＧＤＰはアメリカに次いで世界第二位にまで上り詰めた。この間、一九六八（昭和四三）年にＧＮＰは、西独を抜きアメリカに次いで世界第二位のポジションを得た。こうした高度成長を演出したのも日本型経済システムあってのことであった。日本は敗戦直後の飢餓から脱出して豊かな生活を営むことが可能となったのである。この間、衣食住のすべての面で大いなる改善が見られ、生活の豊かさはだれの目にも明らかだった。こうした豊さを日本型経済システムが生み出したのである。

近隣諸国への影響

日本が日本型経済システムを完成させ高度成長を実現することで、その影響は単に日本国内だけではなくアジア各国にも大きな影響を与えた。日本企業の活動舞台は、一九六〇（昭和三五）年までの日本国内・輸出産業主体だったのが、やがて一九七〇年代初頭のニクソン

図表９　円の為替動向とアジア各国の経済成長

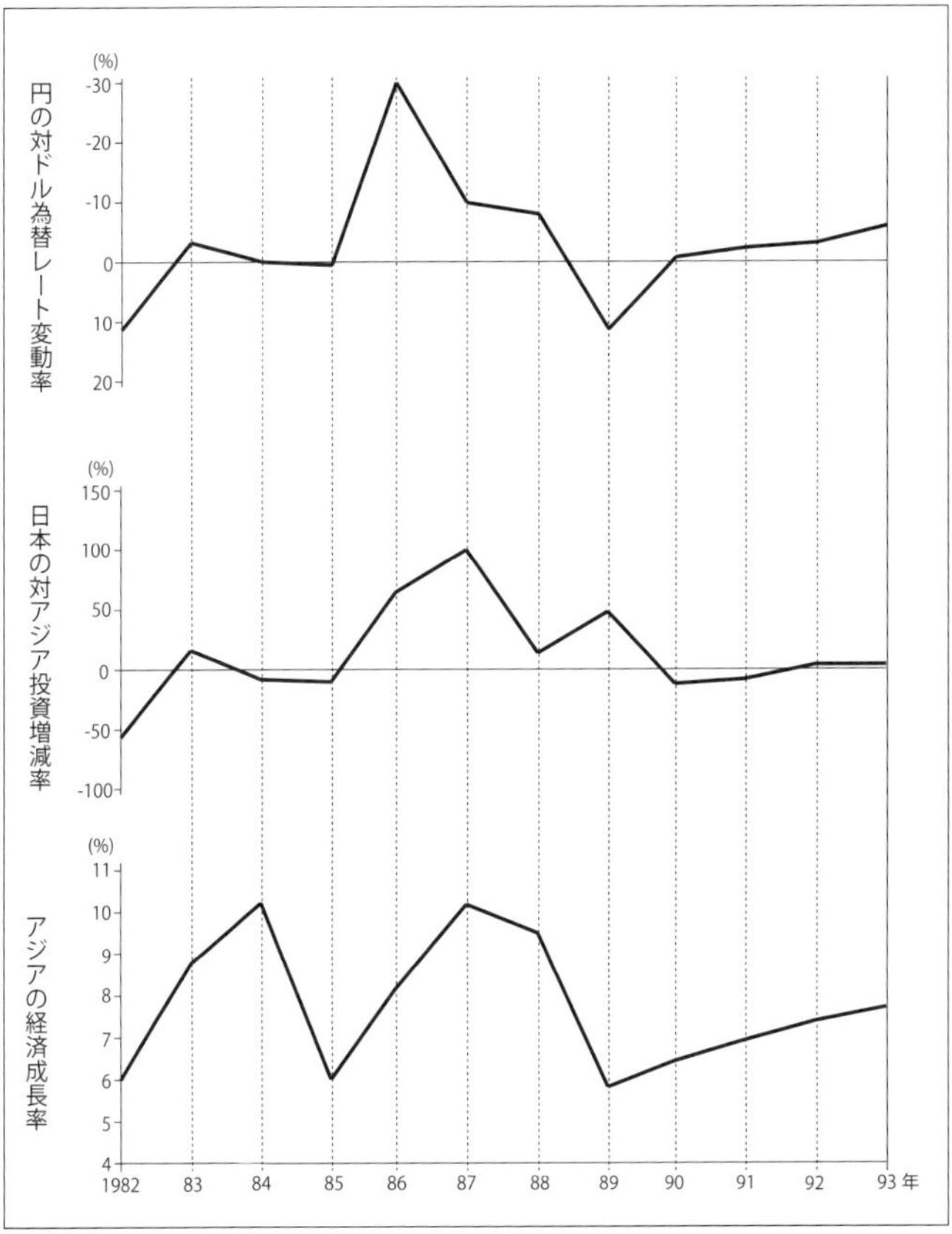

出典：Fukushima Kiyohiko and Kwan.C.H. "Foreign Direct Investment and Regional Industrial Restructuring" , In NRI & ISEAS, eds *The New ware of Foreign Direct Investment in Asia*, Singapore : Nomura Reseach Institute and the Institute of Southeast Asian Studies,1995.p.13

ショック・ドル危機と円高の開始のなかで、以降は日本企業の海外進出の積極化に伴いその影響が近隣アジア諸国へと及び始めた。実際、一九八二(昭和五七)年以降の円の為替相場の動きとアジア向け海外直接投資の動向を見てみると、その関連は明らかである(二〇一頁、図表9参照)。円相場が高騰するにつれてアジア向けの投資は増加し、一九八六(昭和六一)年に円相場が急騰すると、翌八七(昭和六二)年には投資増加率は最大となった。その後、円相場の下落とともに、アジア向け投資増加率は全体として低下傾向をたどり、一九八九(平成元)年をボトムとして円が再上昇すると、アジア向け投資もまた、一九九〇(平成二)年から上昇に転じた。この円相場とアジア向け投資の関連は、アジア各国の経済成長率の増減とも相関関係があった。一九八七(昭和六二)年までは、アジア各国の経済成長率も上昇を続けており、一九八八(昭和六三)、八九両年は低下、その後は再び上昇する。すなわち、円相場の変動と日本のアジア向け投資の増減、そしてアジア各国の経済成長率の推移は、若干のタイムラグを伴いつつ、しかし相互に密接な関連をもって動いているのである。日本型経済システムが一九八〇年代以降アジア各国の経済成長に大きな影響を与えていることがわかろう。

六　日本型経済システムの崩壊の条件

新しいシステムの模索

ソ連に対抗するために満鉄調査部で生まれ戦後の東西対立のなかで育ったこの日本型経済システムも、一九八九(平成元)年のベルリンの壁の崩壊、旧ソ連と東欧社会主義圏の解体とともに事実上東西対立の冷戦が終焉すると、もはや存立する条件を失って崩壊せざるを得なかった。政治の上での五五年体制の崩壊は、その象徴的な現象だった。その後の一連の規制緩和、市場経済重視という動きは、その証左であろう。

戦時下や敗戦直後の荒廃した復興期、その後の急速な高度成長期といった特殊状況下であればこそ、その存立が許された統制経済であったが、それが終焉を迎えれば統制の必要がなくなったことはいうまでもない。そして、今日、日本型経済システムに代わって要求されているのは、経済のグローバル化のなかで二一世紀に向けて現在作られつつあるアジア統一市場に向けた参加とそれに適合的な日本経済システムの再構築である。その前提となるものが、五五年体制に代わる新しい政治体制の創出である。たしかに二〇〇九(平成二一)年八月の総選挙の結果民主党が圧倒的勝利をおさめ民主党・社民・国民新党連立の鳩山由紀夫内閣が成立した。細川内閣以来の非自民内閣の成立であった。しかし、二大政党鼎立による政治安定が確立できたかといえば、決してそうではなく、逆に鳩山内閣とそれに続く管直人内閣は短命に終わり、二〇一一(平成二三)年三月の東日本大震災の影響もあって、政治のみならず経済も低迷と混乱を続けている。

かつて、五五年体制を構築する際、その創設に鍵となった基軸産業はそれまでの繊維産業に代わる機械器具関連工業だった。繊維産業が早晩アジア各国の競争を受けて優位性を失うことを見込んだ上で、さらなる新産業として、より高付加価値産業として設定されたのが、鉄鋼、電機、輸送用機器、造船産業だった。それが輸出産業として日本の高度成長をリードしたのである。現在、東アジア各国がこうした分野で強い競争力を持っているとき、日本は、さらに一段と高い高付加価値産業の育成と強化が不可欠となっているのである。そうした育成はついぞ見られないままに終わっている。

また、今日、「東アジア共同体」構想として様々な主張がなされているが、中国とその周辺諸国との軋轢も重なって、それは順調な進行を遂げているわけではない。

いずれにせよ、これからの新しい時代のグローバル化した状況でのアジアの協調を考えたとき、我々はそこに新しい設計図が描かれているとはいえない。したがって、今日本に必要なのは、これからの二一世紀を生き抜くための新しい設計図とそれを実現できる脚本・演出家、役者たちの登場なのである。

国際協調型経済システムへの転換

一九八五(昭和六〇)年以降徐々に日本型経済システムに代わって新しい国際環境に適合したシステムへの転換が求められた。前述した「前川レポート」は、一九三〇年代以降営々として築き上げてきた日本型経済システムの抜本的構造改革の必要性を提言したものだった。しかし現実にはこのころから「政」と「官」の不協和音が目立ち始め、両者の利害をめぐっての綱引きが顕著になっていった。たとえば、コメの自由化をいえば「政」が頑強に抵抗し、行政改革をいえば「官」がこぞって抵抗するというような構図が、あからさまに国民の前に露呈されていったのである。そして一九八〇年代末から一九九三(平成五)年にかけて、国際的にはソ連・東欧社会主義体制の瓦解、国内的には三八年間続いた五五年体制の崩壊という大きな変動が日本型経済システムの根幹を揺るがしたのである。その結果、制度的転換が不可欠となった。つまりは、「内を固めて外に打って出る」ためのこれまでの政・官・財一体の鉄の三角構造（トライアングル）は、システムを転換する必要があり、「内を開放し外から呼び込む」かたちで発展を遂げることを目指す「国際協調型経済システム」への転換の手かせ足かせになったのである。そうした意味を含めて日本型経済システムの問題点に光をあててみよう。

官の突出

日本型経済システムの最大の長所であり問題点は、「政」「官」「財」三者の微妙なバランスの保持という点にあった。この三者が事柄を阿吽《あうん》の呼吸で処理する点にこのシステムの長所と特徴があり、それが崩れれば、それがそのまま弱点に転換する点にある。このバランスが岸内閣から中曽根内閣まではそれなりに機能していたが、以降は次第に崩れ始め、細川、村山内閣のときには、「政」の弱体化と「官」の突出が顕著に見られた。典型的な事例が細川内閣を辞職に追い込んだ「国民福祉税」案であった。これは減税・増税一体処理による実質的な増税案で、一九九四(平成六)年二月「消費税廃止・国民福祉税（七％）創設」構想として細川総理から発表されたものだった。しかし発表されるや、政・財界から猛反発を受け、細川内閣は一日にして白紙撤回を余儀なくされたのである。この案に対しては野党ばかりか与党内部、それも首相の女房役の内閣官房長官までが反対に回ったのだから総理の面目丸つぶれという有様だった。こんなことが発生した背後には大蔵省のトップが連立内閣の弱体総理を自由に操縦して誘導したことが潜んでいた。しかしその後の政変劇で、連立の組み替えで村山内閣が誕生しても、大蔵省の税制改革の姿勢は変わらず、一九九四（平成六）年九月には消費税五％アップの税制改革大綱を政府にのませることとなった。これは減税だけの「食い逃げ」を阻止した増税一体処理、実質増税案であった。こうした動きは、明らかに「官」が「政」との協調を欠いて突出したことを物語っている。こうした事例はその後の歴代内閣でも数多く見られたし、今日も見られる現象なのである。「官」の突出であれ、「政」の弱体化であれ、「財」を含むこの三者の「連携」なくして日本型経済システムの効率的運用は困難なのである。そして「財」を包むこの三者「連携」の鍵は、税制もさることながら、その前提となる税収を保障する国際競争力を持った新産業の創設なのである。

グローバル対応の欠落

この問題を議論する前に、「官」主導で成長した日本型経済システムが、国際的な環境変化に弱い体質を生み出してきたことを指摘しておかなければならない。官主導ゆえに視点は国内中心となり、あくまでも国内で完結するシステム作りが進められたのである。産業を見れば、国内でほぼすべての分野がカバーできる「フルセット型の産業構造」（関満博『フルセット型産業構造を超えて』）が効率よく形成されていた。国内的に見れば、川上から川下まで系列で効率よく組織されたシステムだったが、ひとたび国際競争にさらされ、その一部が分断されたときには、たちまち崩壊に瀕する弱点が露呈されて来たのである。それを抱えた国内完結型の日本型経済システムは、日本が圧倒的競争力を持っているときは、それなりに力を発揮するが、アジア各国が力を持ち始めると、たちまち連鎖が生み出す強い競争力は力を失っていく構造が作り出されてきていたのである。こうした日本国内自己完結型の日本型経済システムは、グローバル下のなかではシステムが寸断されて極度に弱いシステムへと転換していった。

短期的な変化への不対応

さらに一点補足すべき点は、このシステムはたしかに長期的展望を樹立するには好都合なのだが、逆に中・短期的に大きく変化するグローバル市場への対応力は欠如していたことである。意思決定期間が長く、かつ段取りに時間がかかるボトムアップ型の日本型経済システムは時間がかかるがゆえに変化の早いグローバル市場の変化に対応できずにビジネスチャンスを失っていくケースが続出した。たしかに市場の変化がゆっくりしていて大きな方向変化がない場合には、日本型経済システムが有効性を発揮するが、二一世紀のグローバル経済の場合には、その逆であり、そのぶん日本型経済システムは、その変化についていくことができず、欧米のみならず韓国や中国企業の後塵を拝する結果となったのである。

新興国の工業化への対応の遅れ

日本型経済システムは、日本がアジアで圧倒的経済力を持ち、したがって日本を中心とした「東アジア経済圏」の構築には適合的だったが、中国、韓国、台湾など、主だったアジア各国がそれなりに産業力を身につけ、鉄鋼、造船、電機、自動車といった日本と競合する得意分野をもって産業活動を展開するなかで、そうした経済連鎖と協調しつつ政治経済活動を展開せねばならない「東アジア共同体」のなかに日本を置くためには不適合なシステムだった。また海外展開も、非常に限定的ですでに貿易関係で実績を積み重ねたアジア地域や北米・欧州を除けば、それ以外の地域に積極的に進出するには内向きのシステムだった。したがって、二〇〇〇年代に急速に力を増してきたＢＲＩＣｓ（ブラジル、ロシア、インド、中国）に代表される新興国市場への取り組みは、欧米や韓国と比較して消極的だったのである。二〇〇〇（平成一二）

年以降日本企業が、新興国市場への進出に後れを取り、くわえて、二〇〇七（平成一九）年以降の世界不況下で、欧米先進国市場に代わり急成長を遂げた新興国市場で、日本企業が欧米韓国のそれにさらなる後れをとった理由もそこにあった。

経営環境の変化への対応の遅れは、同時にまた国際競争力を失った産業や企業を国内市場に残存させると同時に、次世代の国際競争力を持った産業や企業を育てる力を弱める結果となった。したがって、かつて繊維産業に変えて機械器具産業を中心とした重工業の育成を日本型経済システムの柱としたように、これに代わる新しい新産業を主軸に新システムを作ることができないまま旧型産業の維持・改善のみにその力を注ぐ結果となったのである。

第四章　日本経済の今後

一　日本経済の現状

厳しい経営環境

二〇一一（平成二三）年、日本は厳しい試練を経験した。同年三月には東日本大震災が、九月には日本企業の一大集積地であるタイで洪水が発生、日本企業は大打撃を受けた。日本国内の産業立地条件も悪化の一途をたどった。「超円高」「法人税高」「電力料金高」「賃金高」「関税高」「環境規制高」の「六重苦」がそれである。二〇一二（平成二四）年に入って特に厳しいのが「超円高」と原発事故に起因する「電力料金高」であり、日本産業に重い負担を強いている。

こうした厳しい経営環境を回避するため、日本の製造業は海外移転を積極化させる動きを見せ始めている。またアジア各国も日本の高レベルのもの作り技術を自国に移転させる絶好の機会として、韓国や中国が日本の企業の自国への誘致活動を積極化させている。

したがって、超円高に耐えられず海外移転を遂げた企業も少なくない。韓国への日系企業の海外移転が、この間予想を超えて急増しているというのもその現われである。

このように韓国では日本企業用の工業団地を作り、その誘致に努め、ベトナムの南部ホーチミン市近郊のロンドウック工業団地では、コンピューターサービスを具備した日本の中小企業用の団地を、さらに中国広州では、日本の中小企業専用の工業団地を用意しているという。いずれも円高で日本脱出を計画している企業用に準備されているものである。いずれにせよ、アジアでは日本の中小企業の誘致が進んでいるのである。

一九九〇年代以降の新しい動き

日本型経済システムは国際競争力を徐々に弱めてきているが、それを象徴的に示すのが日本製品の国産寿命の短命化である。一九九〇年代以降アジア各国の技術レベルが急速にアップして、日本の生産優位性が急速になくなってきているのである。このことをＡＶ機器の国内寿命で見てみよう。たとえば、カラーテレビの場合には、日本で生産を開始したのが一九六〇（昭和三五）年で、一九九〇（平成二）年までの三〇年間日本で生産してきたが、一九九〇年から松下電器産業（現パナソニック）が一四型をマレーシアから輸入することで逆輸入が始まった。カラーテレビの場合は、日本で生産を開始してからその製品が日本に輸入されるまでに三十年かかっていた。しかし、一九七五（昭和五〇）年に生産され始めた家庭用ＶＴＲになると日本に輸入されるまでに一七年、一九八二（昭和五七）年に生産され始めたＣＤプレーヤーになると一〇年、一九九一（平成三）年のワイドテレビになると四年、一九九二（平成四）年のＭＤプレーヤーで三年、一九九七（平成九）年の「たまごっち」になるとゼロ年となった。つまり、日本で開発・設計されたものが、日本で生産されることなく、瞬時にアジア拠点で最終製品になり、日本市場に投入され始めたのである。しかも、輸入先は当初のマレーシアから、一九九〇年代後半には中国・台湾・韓国が増え始めた（林倬史「競争構造の変貌と経営学の課題」日本経営学会編『二一世紀経営学の課題と展望』）。二〇〇〇（平成一二）年になるとそれがさらに進んで、たとえば有機ＥＬ（エレクトロ・レミネッセンス）などは、開発設計そのものが日韓共同で、生産も韓国で行われている。そして、二〇〇〇年代に入ると開発設計から生産までが韓国、中国といったアジア各国で行われ始めているのである。製品の開発と生産の両面で日本はアジアでその優位性を喪失してきているのである。

二　国際協調型経済システムを目指して

国際協調型経済システムの構築

こうした日本産業の弱体化のなかで、日本はいかなるシステムを作り上げるのか。まず、何より先に国家目標を明確にすることである。かつての日本型経済システムの目標は、経済発展、経済成長であった。今日では日米欧にＢＲＩＣｓに象徴される世界各地の成長地域を取り込んだ上での「国際協調下での安定成長」こそが国家目標でなければなるまい。そのための「政」「官」「財」三者の連携なのである。国際紛争には適格にして、上手な対処をなし、内需を主体にしつつも原材料や食糧、石油に代表されるエネルギー輸入を確保するに十分な輸出力を保持し、それを実現できる輸出産業を育成することが緊急の課題となる。ＦＴＡに代表される経済連携政策もこの課題実現のために推進されなければならない。ＦＴＡで大きな被害を受ける農業に代表される国内産業には充分な補償と国際競争力強化策が合わせて展開される必要がある。また、財政赤字を解決するための適切な増税案に対しては、先送りすることなく解決策を求めていく姿勢が必要となろう。ポピュリズム的対応が百害あって一益ないことは過去の日本の歴史が示すとおりである。しかし社会的弱者に対する配慮と施策は忘れるべきではない。

輸出産業の育成という場合、従来の日本型経済システムを支えてきた電機、化学、鉄鋼、自動車といった重厚長大産業の維持・発展も大切だが、最大の問題点は、新産業を創出することである。この間、二一世紀を生き抜くための強力な新産業を一九九〇年代以降の歴代内閣も官僚も創出することに失敗してきた。同じアジア各国にあっても韓国や台湾が一九八〇年代後半以降国家をあげて半導体やＩＴ産業の育成を図り、それを一九九〇年以降国家主力産業まで育成したのに比較すると日本の歴代政府や官僚の対応不足、努力不足は認めざるを得ない。それは、一九八〇年代半ばまでの日本型経済システムの成功の上に胡坐をかいて努力を怠った結果であろうが、これから「政」「官」「財」あげて二一世紀の新産業を選択し、それを国家総力をあげて育成していくことが必要であろう。その際留意すべきは、新産業の基調をもの作りとその周辺領域（ＩＴ産業、バイオ・ナノ産業、新素材、さらにはアニメ産業）に置くべきで、金融や証券ではないということである。日本企業の海外展開が積極化するなかで、海外収益への依存を重視する見解もあるが、イギリスのように数世紀にわたり海外投資を実施してきた実績を持つ国と日本のようにこの半世紀の実績しかない国を同列に扱うべきではなかろう。その意味では、これまでの二〇世紀型産業の高度化と情報、バイオ、ナノテクノロジー産業などの新産業の育成と新旧産業の「組み合わせ」技術の進展こそが急務となろう。

これまでの日本型経済システムが日本国内で自己完結する構造になっていたことは早期に改編する必要がある。従来は、たとえ海外展開をしたとしても、日本中心の構造が海外展開しただけのことであった。しかしこれでは意思決定は遅く、現地側の利点を引き出すことはできない。したがって、思いきった現地への権限移譲と現地市場に適合的なシステムを導入しなければならず、現地社員が現地企業のトップを占めるような企業の現地化が推し進められなければならない。

「政」「官」「財」三者のバランスの回復

上記の課題を達成するためには、「政」「官」「財」三者のバランスの回復が緊急の課題となろう。官僚の突出といい、政府の弱体化といっても、それはしょせん相対的な現象である。政治家は選挙民に受けのいい政策ばかり並べて、国益のことなどまるで考えないという官僚側からの主張は、一面において真実である。特に五五年体制崩壊後の多党化の進展と小泉政権前後から顕著になったポピュリズムの横行のなかで、選挙民の利益におもねるような政策に偏りがちとなっている。しかし、現在の流れは、「政」も「官」もともに既成の枠組みを固執して保守的になるばかりである。「官」の思い上がりといったところで、既成の枠組みを超えて突出したわけではない。問題の本質は、「政」「官」の綱引きのどちらが我を通すかではなく、「政」「官」「財」の三者がいかに連携するかにあるのである。その意味では、三者を連携させる日本型経済システムのその後の経済成長の具体的シナリオが見えてこないという点に大きな問題があるのである。

長期計画作成の必要性

今一つ日本産業にとって重要なのは長期的視点に立った新産業計画の立案である。これまでの考察から明らかなように日本産業は、長期計画を立案し、これにしたがって内閣が多少変わろうとも一定の方向でブレずに経済を進めてきた。戦後の経済安定本部やそれを引き継いだ一九五二(昭和二七)年の経済審議庁、そして一九五五(昭和三〇)年の経済企画庁は、日本経済発展の長期目標を設定する上で大きな役割を果たしてきた。しかも業界団体や労働組合、消費者団体などの意向をくみ上げながら広い意味での経済計画に関する合意形成でも大きな役割を演じてきた。ところが、経済企画庁は二〇〇一(平成一三)年に中央省庁改編に伴い廃止された。

しかし新に「国際協調型経済システム」を日本で長期的視点に立って構築していくためには、経済企画庁に該当する省庁の設立は不可欠であろう。そうした中央省庁の下で初めて総合的で長期的な経済プランである「国際協調型経済システム」の構築は可能となるのである。

確かに二〇一〇（平成二二）年六月発足した菅直人内閣は、「新成長戦略実現会議」、「経済情勢に関する検討会合」、「社会保障改革に関する集中検討会議」を次々と発足させ、二〇二〇（平成三二）年を目標に電気自動車などの普及促進などを盛り込んだ新成長戦略を打ち出した。また二〇一一（平成二三）年三月の東日本大震災で中断した後二〇一一年八月に発足した野田佳彦内閣も同年一〇月に閣僚や経済界の代表で構成される国家戦略会議を立ち上げた。しかし、これらはいまだに成果をあげるにはいたっていない。

三　産業空洞化の克服

産業空洞化の回避

日本型経済システムに代わる次世代のそれは「国際協調型経済システム」でなければならない。その目標は国際協調を前提とした国内経済の維持・発展とそれに裏づけられた豊かで平和な日本の実現である。この課題を実現するために「政」「官」「財」三者は連携してこの目標実現にまい進する必要があることはいうまでもないが、このシステム成立の成否の鍵は、新産業をいかに育成し得るかである。なぜなら、外貨を稼ぎ出し、日本経済に不可欠な食料、原材料、エネルギーの輸入を可能にし、雇用を創出し、地方経済をうるおすことで産業空洞化を防止し、もって国民生活の向上をもっとも効率的に実現してくれる重要産業の一つが、この新産業だからに他ならない。これらが国際競争力を失ったなら、輸出力の減退のみならず、国内市場も海外製品に奪われて輸入の増加を生んで、日本産業は屋台骨を失って一挙に停滞し「国際協調型経済システム」の維持も困難となる。逆にそうした新産業の振興があればこそ、産業空洞化を防止することが可能となるのである。

産業空洞化とは

「国際協調型経済システム」成否の鍵が産業空洞化防止いかんにあると述べたが、その際「産業空洞化」とはなにか、という点を明確にしておく必要がある。なぜなら、「産業空洞化」の克服を「脱工業化」と同義で把握し、第二次産業としての製造業を捨てて第三次産業としてのサービス業へ移行することをもって「産業空洞化」の克服と理解する向きが少なくないからである。しかし、産業空洞化の克服は、「脱工業化」だけが、その唯一の道ではない。高度工業化もすぐれた産業空洞化克服の道なのである。否、日本などの「もの作り大国」の場合、「脱工業化」よりは高度工業化の方が、産業空洞化克服の決め手となる可能性が高い。

この点を明確にするため、まず、ここでは「産業空洞化」の概念規定を明確にしておくこととしよう。「空洞化」(Hollowing out)とは、当該国で国際競争力を失って輸入激増、輸出減退、内外市場シェア縮小の打撃を受けた産業や企業が消滅するか、もしくは海外移転を迫られて国内生産拠点を放棄せざるを得なくなるだけでなく、それに代わる新産業の創出と産業の高度化を生み出さないままに、産業構造に空白が生ずる現象、と定義しておく。したがって、たとえ国際競争力を失った産業が海外移転をしても、それを持って即、産業空洞化が生じたとはいえない。それを補って余りある新産業が生み出され、雇用が吸収されるなら、それは高度工業化であり、産業の高度化であっても、空洞化ではないのである（小林英夫『産業空洞化の克服』）。

日本産業、とりわけ製造業で空洞化が叫ばれたのは、二〇一二（平成二四）年の不況期が初めてではない。過去に何度かあった。最初は一九七〇年代前半で、二回目は一九八〇年代後半であった。いずれも円高を契機に国際競争力を失った日本製造業が、それを回避するために海外シフトを積極化させたからである。日本の海外生産移転と円高は、ほぼ歩調を合わせる形で動き、円高が進行すれば製造業の海外移転が促進される形が継続した。しかし、過去においては、こうした動きは必ずしも空洞化を促迫するとはいえなかった。それは、内需の縮小が見られたとはいえ、緩やかで、設備投資の継続のなかで、新たに生まれた新規事業が海外移転分の雇用減少を補って余りある新雇用を創出してきたからである。しかし、二〇一一（平成二三）年以降の円高と内需の縮小、さらには同年三月の震災の影響はそうした「緩やかな進行」の歯止めを取り払い、一挙に「空洞化」現象を推し進めた。本節冒頭で述べた「六重苦」がそれを加速度化したのである。

しかし、日本での深刻な「空洞化」問題を生み出したいま一つの条件として、日本の産業力の相対的低下の問題に触れておかねばならない。産業力とは、もの作りの技術能力であり、したがってその低下が進行したのである。つまり、一国の一産業を例にとれば、一九七〇年代までは日本だけでしか作れない製品と、他国でも作れるが、日本で作った方が有利な製品が圧倒的比率で、他国に出した方が有利な製品は少なかった。したがって、海外移転する部分は僅かだった。近隣諸国との対抗でいえば、日本が劣勢のポジションにある産業分野は少なかった。したがって、この僅かな部門の雇用を新規事業で補填すれば空洞化を防ぐことが可能だったのである。つまりは、空洞化発生の余地は少なかったのである。ところが、一九九〇年代以降中国を始めとするアジア各国の産業力の急速な向上のなかで、状況は一挙に転換した。日本でしか作れない製品は激減し、他国でも作れるが日本で作った方が有利な製品も減少し、二〇一一（平成二三）年以降の急激な円高のなかでさらに激減した。逆に日本が劣勢なポジションにある産業分野は、一挙に拡大したのである。つまりは、かつては僅かな部分の雇用を新規事業で補填すればよかったものが、補填せねばならない部門が急激に拡大したのである。空洞化は、ここにきて急激に進展したということになる。ましてや、二〇一一年の東日本大震災で、日本国内の経営環境の悪化が顕著となれば、海外移転を選ぶ可能性は増加することとなる。

リーマンショック前まで、多くの論者は、産業分野を大きく三つに分けて空洞化論を論ずるのが一般的だった。空洞化してしまった繊維産業、空洞化が進んだ電機産業、空洞化が進みにくかった自動車産業に分けていたのである（伊丹敬之ほか『空洞化はまだ起きていない』）。しかし、二〇一一（平成二三）年の状況を見ると、繊維、電機はおろか最後の日本輸出産業の牙城とまでいわれていた自動車産業までが、今や空洞化の波のなかで大きく翻弄されてきているのである。

産業空洞化克服策

では、日本のもの作りに未来はあるのだろうか。「六重苦」が早期に解決できずにこのまま時間が経過すれば、おそらく日本の製造業は、国際競争力を喪失してアジアの片隅のなかで、比較優位を持つわずかな産業部門を守り育てながら細々と生き続ける国となるであろうことは疑いない。しかし「六重苦」を突破して、「新産業」、「新素材」、「新工法」を育て上げれば、それを回避することは今からでも十分できることである。これらの各項目に関しては、項を改めて論ずるが、その前提として、日本の産業政策立案に関して論じておく必要がある。結論から先取りしていえば、日本は輸出産業振興という国家課題を軽視し過ぎてはいないか、ということである。たしかにＧＤＰに占める輸出産業比率は一六％と低いことは事実であり、その点で五〇％を超える韓国とは著しく異なることはいうまでもない。しかし今後国内人口が減少し続け、少子高齢化社会が到来することは確実視されている。だとすれば、内需だけで成長を持続することは不可能で、比較優位を持つ輸出産業を育てる問題は焦眉の急の課題なのである。しかし、この点で果たしてこの二〇年間の歴代政府は、明確な危機感とそれを克服する方向性を有しているのかと問えば、大いなる疑問を持たざるを得ない。したがってまず、比較優位の輸出産業の育成が課題となるのである。

古典的対策

空洞化対策の古典的ともいえる処方箋は、一九八〇年代に産業空洞化で悩むアメリカがレーガン時代にだした「ヤングレポート」である。ヒューレット・パッカード社の社長J・A・ヤングを委員長とする「産業競争力委員会」が一九八五年に出したレポートは、空洞化対策として、「新技術の創造・実用化・保護（イノベーションによる技術優位）」「資本コストの低減（税制・資本流動効率化による生産資本の供給増大）」「人的資源開発（技能・順応性・意欲の向上と教育改革）」「通商政策の重視（輸出拡大が国家の最優先政策）」の四つを掲げた（日本政策投資銀行、二〇〇一年）。新技術を開拓し、それを低コスト、ハイレベル・マンパワーで生産し、輸出するという処方箋が、レーガン、ブッシュ、クリントン時代の空洞化対策の基本だったのである。

この延長線上で考えれば、空洞化を防ぎ高付加価値化、脱工業化を推し進めるために、企業側、国家側で空洞化を克服する様々な施策が論じられなければならないこととなる。まず企業側での全般的施策として、高度技術の開発、生産コストの削減のほかに、生産の情報化、リードタイムの短縮、シニアの活用や技術者の訓練を含むヒューマン・リソース・マネージメントの活用、積極的外資導入による海外企業の活用、そして産学連携などが考えられるし、二次、三次メーカーに限定すれば、国際競争力を増して外圧に打ち勝つための合併や、企業相互の技術連携、研修などを通じた国際感覚を持つ経営者の育成が必要となろう。

また国家側では、「六重苦」、つまり「超円高」「法人税高」「電力料金高」「賃金高」「関税高」「環境規制高」の解消、とりわけ一ドル＝八〇円を切る超円高は、日本産業の国際競争力を著しく弱め、他国でも作れるが日本で作った方が有利な商品幅を著しく狭める要因となっている。こうした「六重苦」の多くの部分の解決は、国家の政策に依存する面が強いが、これに対する明確な国家的対策は打ち出されずに時間が経過しているのが現状である。

空洞化対策を考えるにあたっては、以下の二点を強調しておきたい。一つは、企業側の努力もさることながら、国家側の対策の重要性である。今なお、新自由主義的発想が強い折から、政府の産業施策に具体的な姿が見えない。経産省にも強いリーダシップが見えず、極力企業の助産婦的役割に徹する姿勢が強い。そうした姿勢ではこの事態は乗り切れないものだという認識を持つ必要がある。欧米はむろんのこととして東アジアの中国、韓国といった国々が官民一体の総力戦で国民経済支援に挑んできているのに対して、日本の対応は脆弱である。加えて国家は、単に「六重苦」の克服を目指すだけではなく、一歩進んで、二一世紀型新産業の育成にも力を注がなければならない。

今一つは、高付加価値化の道を歩む上で重要なのが、新技術に裏づけられた新産業分野の開拓である。今、日本の輸出を担う自動車産業に焦点をあてて考えれば、環境にやさしいハイブリッド車、電気自動車、燃料電池車といった「エコカー」の開発、アルミニウム、マグネシウム、炭素素材などの新素材開発による軽量化、強靭化、新ナビゲーション・システムの開発、衝突回避のための各種安全装置の開発などをあげることができよう。しかし、いつまでも自動車産業に依存していることはできない。自動車産業に代わる次世代新もの作り産業として航空宇宙産業、ロボット産業などの新分野の産業開発が不可欠となろう。日本で、自動車に代わる新規産業としてもっとも有望なのはロボット産業であろう。航空宇宙産業では日本の雇用人口の一一%、総出荷額の一八%に達する（経済産業省『工業統計』）自動車産業を含む輸送用機械器具製造業を補完する出荷及び雇用効果を生み出すことはできない。しかも、これまでの部品産業の多くの部分を引き継ぎながら産業再編を遂げるには、後述するように部品量の多いロボット産業が最適である。日本は、ロボット産業の先進国として、より積極的にこの産業の育成を図り、世界の他国に先駆けて、リードする必要があるであろう。

四　新産業の創設

もの作り中心の空洞化対策

企業、国家双方に共通する空洞化克服策は、新産業の立ち上げである。その際留意すべきことは、もの作りに中心の空洞化対策をたてるべきであるということである。ＩＴとベンチャービジネス産業と金融業がアメリカの空洞化を救った救世主だと称されている。日本でも同じ産業を空洞化防止の救世主にあげる向きもないではないが、しかし産業の成り立ちも国際・国内環境も大きく異なる日本産業の空洞化防止策の処方箋にこれらをあげるのが正しいか否かに関しては大いに検討する余地がある。どちらかといえば、もの作りを犠牲にしてでもウオール・ストリートの金融部門の利益を優先させるアメリカ資本主義と、もの作りを前面に掲げ、金融機関は表面上つつましい僕《しもべ》に終始してきた日本資本主義との違いは、いかなる新産業を立ち上げ、育成するかという点でも大いに異なる。アメリカの場合には、ＩＴとベンチャービジネス、金融業がそれにふさわしいが、日本の場合には重厚長大産業と称された鉄鋼、自動車、電機、造船、機械の高度化・高付加価値化の道が望ましい。その際、ＩＴ産業は、それ自体としても重要だが、重厚長大産業の復活のツールとしても活用されるべきであろう。

産業用ロボット産業

日本における二一世紀型のもの作り産業の旗手、次世代産業の主力としてはロボット産業が需要である。東日本大震災による原発事故発生の折、原発内の高放射能汚染個所の確認にロボットが使用されたことは読者の記憶に鮮明であろう。しかし、カメラつきのキャタピラ・ロボット車が日本製ではなく、それを日本が準備していなかったことを聞いて驚愕したのは筆者一人だけであろうか。マニピュレーティングロボットでは、二〇一〇（平成二二）年現在日本は三三万台でドイツの一四万台、韓国の八万台と比較して世界トップの水準にある（日本ロボット工業会　二〇一一）。〈もっとも二〇〇〇年段階と比較すると日本は三七万台から四万台減なのに対してドイツは九万台から五万台増、韓国は三万台から一挙に二倍以上の八万台へと増加している。日本が低迷している間隙をぬってドイツ、韓国が日本を抜き去る時期はそう遠くはない〉そして災害時の救済用ロボットでも日本は数多くの試作品を世に送り出してきた。がれきの山のなかでも乗り越えて救済に向かうロボットが試作品ではあれ製品化されつつあった。それが原発事故の際になんら用意されていなかったのは残念としかいいようがない。

ホンダのアシモ・トヨタのパートナーロボット

ホンダのアシモ、トヨタのパートナーロボットが示すように、自動車産業に次ぐものはロボット産業である。従来の産業用ロボットに加えて、今回の原発事故が象徴的に示すように、災害時の救済用ロボット需要が、そして高齢化社会に向かう日本で今後一層増加するであろう介護用・癒やし用ロボットの必要性が、今後一層求められることとなるのは疑う余地のないことである。こうした需要にこたえるためにも、ロボット産業の一層の発展が政策的に図られねばなるまい。我々が次世代産業としてのロボット産業に注目する理由は、第一に自動車産業にも匹敵するその部品産業のすそ野の広さにある。自動車同様数万点の部品から構成される産業用ロボットは、その組立ての頂点にたつセット・メーカーを支える幾層もの部品メーカーからの部品供給によって初めて可能となる。その意味では、自動車部品企業と類似する部分が多く、自動車部品からロボット部品への漸次的横展開が可能な領域である。しかし、ロボット産業は、自動車産業以上にＩＴ化を必要とする二一世紀型産業である。たとえば、ファナック社が開発した高度な視角センサーを有しバラ積み部品を効率よく取り出して組み立てる全自動化ロボットや安川電機の各種産業用及びサービス用ロボットに見られるように、ロボット産業は、従来の組立型産業と未来に向けたIT産業の複合的部品産業の集積の極地でもある。さらにこれが産業用からエイジェント・ロボットとなるとその度合いが一層増加する。超円高でも日本国内生産を維持するための決め手の一つは、ロボットを活用した無人工場での生産である。

エイジェント・ロボットの開発

エイジェント・ロボットとは、一言でいえば、機能としては「役立ち」と「遊び・楽しみ」を兼ね備えた「自律」型ロボットで、人間と機械を仲介する役割を持つロボットのことである。つまりは、人間の代わりをするロボットである。家のなかにいて家人に代わって家事をこなし外来者に対応し要件をこなし、家人が外出した際には、家人の外からの指示を受けて活動できるロボットである。いわば秘書的な役割をするロボットなのである。

こうしたロボットを開発し、生産していくためには、まず第一に画像認識、音声識別、学習機能を軸とした人工知能の飛躍的能力アップを図る必要がある。侵入者が賊か家人かを識別し、家人の指示を音（言語）で受けてそれにこたえるためには、画像認識、音声識別、学習機能が不可欠である。画像認識や学習機能はアメリカが数段進んでいるが、音声識別はこれからの課題であり、日本が食い込む余地は十分にある。このほか、エイジェント・ロボットを完成させるには、人間の腕、手や筋肉、脚や感覚機能をロボットに代替させなければならない。腕に関してはこれからであるが、すでに開発が進んでいる手や指に関しては、エアーコンプレッサーと弁で微妙な動きを作り出す研究がアメリカなど各国で進んでいる。もっとも物をつかむ際の指の素材に関しては今後の研究課題として残されている。筋肉と関節に関しては、現在小型モーターと歯車で処理しているが、日本はこの分野では過去に蓄積した高い技術を保持している。しかし小型モーターと歯車では細かい動きや瞬発力を生み出すには不十分であり、人工筋肉の新開発が要求される。たとえば、プラスチック系の新素材の開発や電界効果を利用した人工筋肉の開発などがそれである。

いずれにせよ、次世代産業としてのロボット産業の可能性は、それ以前の自動車を始めとする機械器具産業とコンピューター産業、新素材産業を総合した産業分野として、従来の地域産業集積を横滑りさせることで実現可能な現実的産業分野なのである。これは、日本のこれまでの産業分野の強さとこれからのIT応用産業分野を結合させたという意味でまさしく二一世紀型産業なのである。エイジェント・ロボット産業は、アメリカからの模倣ベンチャーではなく、日本発の足が地に着いた新産業として今後大いに発展させる必要がある国策プロジェクトなのである。

より軽く、より強い素材の開発

二一世紀は新素材探求の時代であるといっても過言ではない。より遠くに、より早くより安全に移動するためには、より強靭で、より軽量な素材が何にもまして必要となる。また、電池や風力、潮力、地熱力などの新エネルギーを開発するためにもこれまで使用したことがないレアメタルが必要となる。こうした要求を充足するためには新素材の開発が不可欠となるのである。しかもそうしたレアメタルが一国、一地域に偏在していることが多いため、それが所有国の外交力となって力を発揮する可能性もないわけではないので、比較的安価で大量に存在する素材を開発し、それに代替していく道も探さなければならない。過去の歴史をみれば、二〇世紀までの素材史は、鉄鋼を中心に展開してきた。より軽く、より強い鋼板の開発に重点が置かれてきたのである。自動車などで多用される高張力鋼板などは、そうした開発結果として生み出されてきたものであるといえよう。しかし、二〇世紀後半には鉄鋼素材に代わってアルミニウムさらにはマグネシウムといった軽金属素材も実用化され、電機や機械、自動車産業などの部材として活用され始めている。そして二一世紀には、さらに軽くて強靭な炭素素材に代表される新素材の開発が進められ始めている。炭素素材は、高価で加工に手間がかかることから航空機生産には活用されていたが、技術改革と素材加工法の改善によるコストダウンで航空機産業以外の分野でも活用する余地が広がり始めている。新エネルギー開発に伴うレアメタルの活用と並んで、その開発と活用が二一世紀産業をリードする決め手となり始めている。

レアメタルの活用

新素材開発で重要なのは、レアメタルの活用である。エコカー開発に際し、特に重要なのが、バッテリー開発があるが、その原料となるレアメタルの供給が重要である。しかしその資源の多くは、南北米と中国に偏在している。したがって、この供給がストップした場合に、たちまち電池を生産する電機産業が停止せざるを得ない状況が生まれることが予想され、かつ危惧されるのである。しかし危惧した事態は二〇一〇(平成二二)年一〇月の日中領土紛争事件とからんで具体化した。中国がレアメタルの輸出制限を実施したからである。

中国からのバナジウムなどのレアメタルが供給されず、在庫切れが生じた場合には、電池生産ラインがストップする緊急事態も想定されるのである。今後は、過度の中国依存を改めて、その供給先を分散させることが重要な課題となってきているといえよう。

この線に沿って、日本政府は供給国の多元化を目指して、ベトナムやウズベキスタン、南米ボリビアなどとの交渉を開始した。しかし、これはすでに予想されていた事態であり、資源大国の中国ですら国家をあげて資源の確保に全力をあげているとき、資源小国の日本としてはその対応のあまりの遅さと政府の無関心ぶりが目についた。もっとも資源提供国もその貴重さを十分に認識して、自国でのバッテリー産業の育成を交換条件に資源の提供を承諾するなど（ボリビア）、事態は簡単には運んでいない。もっとも、リチウムバッテリーへの需要は、今後自動車産業がハイブリッド車からプラグインハイブリッド車そして電気自動車に行く過程で、拡大する事はあっても縮小する事は考えられない。現在、中国がその九七％を供給するといわれるが、南北米、オーストラリアなどへとその供給が拡散する可能性は少なくない。

しかし問題は、単に希少資源をいかに獲得するかだけではなく、新技術を活用して海中からレアメタルを抽出する新分野の開拓も重要になる。現に日本の領海の南鳥島周辺にはそうしたレアメタルが大量に埋蔵されているといわれている。日本政府は、リチウムだけでなく、イリジウム、マンガン、プラチナなどのレアメタルの新規開発技術に大きな力を注ぐ必要がある。

五　アジアに活路を

システム全体の見直しの必要性

新工法の開発も空洞化防止に欠かせない条件となる。ここでいう新工法とは、開発・製造・物流でのシステム全体にわたるプロセス・イノベーションに該当するものを指す。日本企業は、日々改善活動を通じた作業工程の作りこみ過程での改良は得意とするが、システム全体の見直しとなると、いまだに多くの課題を残しているといわなければならない。新製品を生み出すプロダクト・イノベーションと比較すると、この分野は比較的日本企業の得意とする領域だという先入観があるのか、いざ中身に入って見ると意外と発想を転換すべきいくつかの問題点が横たわっていることに気が付く。たしかに一九七〇年代末に上梓された大野耐一『トヨタ生産方式』をあげるまでもなく、その後の継承者による発展を補足するまでもなく、トヨタ生産方式は、一方で市場を重視しつつも、他方でムダのないすぐれた生産方式であることは間違いない。また、トヨタは近年ラインに車を横置きしてその長さを短縮したり、アコーデオン式ラインで生産調整に短期に対応する工夫が実施され始めている。しかしこの方式にも改善すべき余地は大きい。一つは、基底の発想が、紙ベースのアナログ基調だという点にある。たとえコンピューターを活用しても、発想の根底が、「暗黙知」をコアにしたアナログ基調であれば、コンピューターを用いたもの作り重視の生産システムに打ち勝つことはできない。アナログVSデジタル、という発想で把握するのではなく、アナログとデジタルを結合した生産方式が今後進められなければならないのである。

アジアのなかに生まれる新工法

日本では、アメリカの製造業を見て日本のそれの優位性を述べるが、それはやや一面的で、前述したように、まず欧州のそれが検討されなければならないのである。そして、それと合わせてアジアで現在起きている新工法にも留意する必要がある。というのは、韓国や中国を中心に、日本的なもの作り手法と欧州的もの作り手法を結合した第三のもの作り手法が生まれつつあるからである。その特徴は、高品質と低コストという二重の桎梏を徹底した自動化と積極的な標準化、モジュール化、大量のコンピューター活用と単能工化で乗り切るという手法である。

これは日本のボトムアップ的生産方式ではなく、トップダウン的なそれであると同時に欧州的なコンピューター使用にその特徴を有する。こうした生産方式は、現代・起亜自動車やサムソン、LGといった韓国の電機・半導体、自動車産業へと広がってきている。そして中国のハイアール（海爾）といった電機メーカーや万向集団などの有力自動車部品メーカーなどにも見られ始めているのである。アジアの底流では、日本的生産方式の優れた面は活用しつつも、日本的文化土壌でしか通用しない手法は思い切って切り捨て、それに代わって日本同様もの作りを重視している欧州手法を取り入れる形での新しいもの作りの手法が静かに進行しているのである。われわれは、ここに注意を集中しつつ、ここから学び取り、さらに先をゆく貪欲さがなければならない。アジアは教える対象であると同時に、学ぶ対象でもあるのである。

二次・三次メーカーの保護育成

しかし何といっても国家がリードしなければならないのは、二次・三次の中小零細企業の保護と技術力アップである。日本の産業が国際競争力を維持できた理由の一つに、この二次・三次のメーカーの活躍がある。これまで大企業は、この点を熟知した上で、彼らを指導・育成してきたのだが、今では大企業がそうしたことをする余裕を失っているし、系列が解体されている場合にはそうしたことを行う大企業はない。アジア各国の工業力が上昇し、そのなかでアジア企業の追い上げにさらされるなかで、日本の二次・三次メーカーは苦境に立たされているのである。アジア企業と対抗できる技術力を持たないメーカーは、彼らとのコスト競争に敗れ、倒産の道をたどっている。これを日本の二次・三次メーカーの実力と考え、市場からの退場を産業の高度化と理解する向きもある。しかし一ドル＝八〇円を切る超円高をもって、これに抗しきれないから競争力のない中小企業であり、市場から退場すべきという論理は、にわかには肯首しがたい。なぜなら従来長く継続した円高相場の一ドル＝九〇円であれば、生存可能な企業が、一ドル＝八〇円を切る超円高で生き残れないとすれば、政府はこの差額を保証した上で競争させるべきだからである。部門は異なるが、韓国政府は、ＦＴＡで競争力を失った農業部門に手厚い保護を与えている。なぜ、韓国政府が農業部門でやれることを日本政府は中小企業部門でできないのであろうか。国内で二次メーカーから調達していた部品を、中国を始めとするアジア各国に変更した一次メーカーの数は確実に増加しているし、一次メーカー部品を欧米や韓国の一次メーカーに変更したカーメーカーも増加してきている。また今後、その数量と範囲は一層拡大するであろう。一般的には、品質・コスト・納期に問題が少なく、国内調達品と比較して三〇－四〇％以上のコストメリットがあれば、海外調達の方が有利だといわれる。逆にいえば、二次・三次メーカーにとって、品質・コスト・納期に改善を加え、三〇－四〇％以上のコストダウンを図れば、中国などアジアの海外メーカーと対抗できる可能性は高い。〈政府の保護策なくこれを実現するには、三〇－四〇％の格差は非常に厳しい数値だといわなければならない〉またデジタル化できないアナログ技術を持つ企業は、規模の大小を問わずに内外の競争に生き残る可能性は高いのである。

二次・三次メーカーの海外展開

二次・三次メーカーも生き残りをかけてアジア各国へ進出すべきであるという意見は傾聴に値しようが、それとても価格競争で生き抜くのではなく、品質競争で生き抜く覚悟が必要となる。また、小なりとはいえ、ゆくゆくは研究開発部門を準備する見通しを持つ必要もある。海外での経営ノウハウが乏しく、進出先の企業との技術格差も少なく、スピンアウトされた従業員に容易にコピー製品を作られてしまうような中小企業の海外進出は慎重でなければならない。価格的に多少は高価でも、現地企業から調達することが困難な高付加価値部品を生産している二次・三次メーカーに関しては現地進出を進めるべきだが、その際には政府やジェトロなどが積極的な経営支援を行うべきである。一案として、進出当該地に工業団地を造り、現地政府との折衝や関税業務、労務紛争などに関しては、工業団地の事務局が一括担当し、入居した日系中小企業は、もっぱらもの作りに専念すればいい、という体制を作るべきであろう。こうした中小企業向け「海外展開支援策」は積極的に押し進められねばなるまい。

日本型経済ステムから国際協調型経済システムへ

日本は、日本型経済システムの崩壊後、それを引き継ぐ新しい経済システムの構築にあまりに多くの時間を使い過ぎた。「失われた一〇年」という表現は、それを象徴しているといっても過言ではない。新システムは、国際関係ではアジア新興国を成長源に取り込んだという意味で従来の西側重視の冷戦型からグローバル・国際協調型でなければならないし、とりわけ中国・インド・ロシアなどの新興国との連携は事のほか重視されなければなるまい。また国内産業も内需と輸出のバランスある構造が構築されねばならない。新興国の工業化の進展、日本の少子高齢化社会への移行を踏まえて国際競争力を有する輸出産業の育成は急務である。日本型経済システムの競争力は重化学産業にあったが、新たに登場する国際協調型経済システムは、製造業のなかでは高付加価値を生む巨大な裾野産業を維持できるロボット産業や航空機・宇宙産業などが重視されるべきであろう。こうした産業は、新素材・ＩＴを駆使した新技術を内包した新産業であり、これまでの重化学工業をスムーズに引き継いで、さらにそれを高度化させうる可能性を内包しているからである。こうしたアジア新興国との間で国際競争力を持つ産業を育成できるなら、これまでの日本型経済システムを担ってきた自動車・電機産業をも新たな視点から蘇生させて、新旧あいまって日本産業の空洞化を防止する力になる事は疑いない。

おわりに

本書の目的は、戦前に南満洲鉄道株式会社（満鉄）と称された株式会社に設立された調査部の活動を跡づけたものである。満鉄調査部と称されたこの調査機関は、発足当初は、初代総裁後藤新平らのバックアップを受けて積極的調査活動を展開したが、当初の国際状況の厳しさが過ぎ去ると同時に縮小された。ところが、一九一七（大正六）年のロシア革命は状況を一変させた。社会主義国家ソ連の誕生とともに資本主義体制と対立するこの体制を調査する必要性から、満鉄調査部は再び脚光を浴び始めたのである。一九二〇年代から三〇年代初めにかけて調査部は、多くのソ連調査書を世に送り出した。そして一九三一（昭和六）年の満洲事変から満洲国の誕生のなかで、同調査部は、経済調査会を結成して、満洲国の経済国策の立案にあたった。彼らが立案した産業計画は、官僚主導の計画経済体制であったが、満洲国官僚がこれを推進した。さらに一九三七（昭和一二）年の日中戦争から一九四一（昭和一六）年のアジア太平洋戦争のなかで、調査部はその規模を拡大して綜合調査を立案実施していく。しかし、急速に強化された戦時統制化で、国策に深く関与した調査部は、それゆえに国策当事者達との摩擦と軋轢を深め、自由が奪われていくなかで、大規模な調査活動を展開することなく、一九四五（昭和二〇）年の敗戦とともにその終焉を迎えることとなった。満鉄調査部は、民間機関でありながら、国策に深く関与して調査活動を展開した数少ない調査機関の一つだった。戦後は、日本へ引揚げた満鉄調査部員は戦後復興の担い手となり、一九五五（昭和三〇）年以降は岸信介を頂点とする満洲閥官僚集団の手で官僚主導の高度成長を目的とした日本型経済システムが構築され、これが日本経済の高度成長をリードすることとなった。一九九〇年代以降高度成長から経済低迷を迎えている今日、新しい日本型経済システムの構築が求められている。日本を取り巻く国内外の情勢が混迷するなかでは、満鉄調査部のような民間調査機関の重要性は増すことはあっても減ることはないのではないか。

明治時代は、政府が国策を決定するにあたって必ずしもシンクタンクといった調査機関は必要ではなかった。政府の官僚機構が調査活動を展開すれば事足りたからである。しかし大正から昭和と時代が移るに連れて、民間の調査機関の重要性が増した。国内外の政治経済情勢が複雑化し、多様化するなかで、周辺諸国との摩擦が増す状況下では、政府機関だけでは手に負えないし、政府機関と協力する調査機能が求められることとなる。こうした状況下で明治期に列強角逐の地は満洲で誕生した満鉄調査部に代表される調査機関は、大正から昭和期になると一層その重要性を増した。そう考えると、戦後の現在、ますます国内外の情勢が複雑化するなかでは、シンクタンクの調査や国策への関与は一層増加することが予想される。その意味では、過去の満鉄調査部の活動に代表される民間調査機関の歴史は今後一層検討される必要があるのではないだろうか。

おわりに

【主要参考文献】

阿部博行『石原莞爾　生涯とその時代』上下、法政大学出版会、二〇〇五年
青柳達雄『満鉄総裁中村是公と漱石』勉誠社、一九九六年
浅井良夫『戦後改革と民主主義』吉川弘文館、二〇〇一年
浅古弘「岡松参太郎の学問と政策提言に関する研究」（早稲田大学図書館蔵）
赤松克麿『日本社会運動史』通信教育振興会、一九四九年
荒畑寒村『寒村自伝』上下、板垣書店、一九四七年
板垣與一編『アジアに道を求めて—藤崎信幸追想文集』論創社、一九八五年
伊丹敬之、伊丹研究室『空洞化はまだ起きていない』ＮＴＴ出版、二〇〇四年
伊藤武雄『満鉄に生きて』勁草書房、一九八二年
『石原莞爾研究』第一集、精華会中央事務所、一九五〇年
枝吉勇『調査屋流転』私家版、一九八一年
大蔵省管理局『日本人の海外活動に関する歴史的調査』ゆまに書房複製版、二〇〇〇年
太田常蔵『ビルマにおける日本軍政史の研究』吉川弘文館、一九六七年
小此木真三郎『ファシズムの誕生』青木書店、一九五一年
上久保敏『下村治—「日本経済学」の実践者（評伝・日本の経済思想）』日本経済評論社、二〇〇八年

菊池寛『満鉄外史』時代社、一九四一年
岸信介、矢吹一夫、伊藤隆『岸信介の回想』文藝春秋、一九八一年
『北一輝著作集』第二巻、みすず書房、一九五九年
草柳大蔵『実録満鉄調査部』朝日新聞社、一九八三年
小林英夫『「日本株式会社」を創った男　宮崎正義の生涯』小学館、一九九六年
小林英夫『満州と自民党』新潮新書、二〇〇四年
小林英夫『満鉄調査部』平凡社新書、二〇〇四年
小林英夫『満鉄調査部の軌跡』藤原書店、二〇〇九年
小林英夫『産業空洞化の克服』中公新書、二〇〇三年
小林英夫『アジア自動車市場と日本企業の課題』社会評論社、二〇一〇年
小林英夫・佐々木隆爾「『冬の時代』からの脱却」『歴史学研究』第五一五号、一九八三年四月
小林英夫・岡崎哲二・米倉誠一郎・ＮＨＫ取材班『「日本株式会社」の昭和史』創元社、一九九五年
佐藤正典『一科学者の回想』一九七一年
椎名悦三郎追悼録刊行会『記録椎名悦三郎』上、一九八二年
思想の科学研究会編『改訂増補　共同研究　転向』平凡社、一九七八年
柴孝夫・岡崎哲二編『制度転換期の企業と市場―１９３７‐１９５５』ミネルヴァ書房、二〇一一年
須藤孝光『白洲次郎　日本を復興させた男』新潮社、二〇一一年
関満博『フルセット型産業構造を超えて―東アジア新時代のなかの日本産業』中央公論社、一九九三年

高木清寿『東亜の父石原莞爾』たまいらぼ、一九八五年
高橋亀吉『株式会社亡国論』万里閣、一九三〇年
田中香浦『田中智学』真世界社、一九七七年
田中芳谷『田中智学先生略伝』師子王文庫、一九五三年
田中申一『日本戦争経済秘史』田中申一・日本戦争経済秘史刊行会一九七四年
チャーマーズ・A・ジョンソン、矢野俊比古監訳『通産省と日本の奇跡』TBSブリタニカ、一九八二年
通産省記者クラブ編『通産省』朋文社、一九五六年
鶴見祐輔『後藤新平』第一巻〜第四巻、勁草書房、一九六五年
鳥羽欽一郎『生涯現役：エコノミスト高橋亀吉』東洋経済新報社、一九九二年
「永野重雄回想録」編集委員会編『永野重雄回想録』一九八五年
中村隆英・大森とく子編『日本経済再建の基本問題』東京大学出版会、一九九〇年
中村隆英・原朗編『日満財政経済研究会資料』第一巻〜第三巻、日本近代史料研究会、一九七〇年
中村隆英・原朗編『現代資料43　国家総動員1』みすず書房、一九七〇年
中村隆英・宮崎正康『岸信介政権と高度成長』東洋経済新報社、二〇〇三年
日本政策投資銀行『「ヤングレポート」以降の米国競争力政策と我が国製造業空洞化へのインプリケーション』日本政策投資銀行、二〇〇一年
日本政治学会編『「近衛新体制」の研究』岩波書店、一九七三年
橋川文三編『近代日本思想体系21　大川周明集』筑摩書房、一九七五年

林茂編集代表『二・二六事件秘録』一、小学館、一九七一年
原彬久『岸信介証言録』毎日新聞社、二〇〇三年
原彬久『岸信介　権勢の政治家』岩波新書、一九九五年
原朗編『高度成長始動期の日本経済』日本経済評論社、二〇一〇年
原朗編『復興期の日本経済』東京大学出版会、二〇〇二年
春名幹男『秘密のファイル―ＣＩＡの対日工作』下、共同通信社、二〇〇〇年
藤山愛一郎『社長室にて』学風書院、一九五七年
藤山愛一郎『政治わが道―藤山愛一郎回想録』朝日新聞社、一九七六年
古海忠之『忘れ得ぬ満洲国』経済往来社、一九七八年
細谷千博『シベリア出兵の史的研究』新泉社、一九七六年
松岡洋右『満鉄を語る』第一出版社、一九三七年
満蒙同胞援護会編『満蒙終戦史』河出書房新社、一九六二年
『満鉄経済調査会史料』第三巻、柏書房、一九九八年
南満洲鉄道株式会社『南満洲鉄道株式会社社報』南満洲鉄道総務局、一九〇七年
谷沢永一『高橋亀吉　エコノミストの気概』東洋経済新報社、二〇〇三年
安井三吉『盧溝橋事件』研文出版、一九九三年
山川均『社会主義への道は一つではない』合同出版社、一九五七年
山口淑子、藤原作弥『李香蘭　私の半生』新潮社、一九八七年

山崎志郎『戦時経済総動員体制の研究』日本経済評論社、二〇一一年
笠信太郎『日本経済の再編成』中央公論社、一九三九年
若槻泰雄『戦後引揚げの記録』時事通信社、一九九一年
早稲田大学校友会編『早稲田大学校友会名簿』早稲田大学校友会、一九一八年
『早稲田大学百年史』第三巻、早稲田大学出版部、一九八七年
『早稲田大学紳士録』早稲田大学紳士録刊行会、一九三九年

〈著者略歴〉

小林　英夫（こばやし　ひでお）

1943年東京都生まれ。東京都立大学法経学部卒。71年、同大学大学院社会科学研究科博士課程単位取得退学。73年より駒澤大学経済学部教授。97年より早稲田大学大学院アジア太平洋研究科教授。専攻は日本近現代経済史、アジア経済論。

著書に、『「大東亜共栄圏」の形成と崩壊』（御茶の水書房、1975年）、『「日本株式会社」を創った男―宮崎正義の生涯』（小学館、1995年）、『満鉄―「知の集団」の誕生と死』（吉川弘文館、1996年）、『日本近現代史を読み直す』（新人物往来社、2010年）など多数。

満鉄が生んだ日本型経済システム

二〇一二年八月二十八日　初版第一刷発行

著者　小林英夫
発行者　阿部黄瀬
発行所　株式会社　教育評論社
〒一〇三－〇〇〇一
東京都中央区日本橋小伝馬町2－5　F・Kビル
TEL〇三－三六六四－五八五一
FAX〇三－三六六四－五八一六
http://www.kyohyo.co.jp

印刷製本　萩原印刷株式会社

定価はカバーに表示してあります。
落丁本・乱丁本はお取り替え致します。
無断転載を禁ず。

©Hideo Kobayashi 2012 Printed in Japan
ISBN 978-4-905706-72-4